LO BUENO, LO MALO Y LO FEO

Testimonio de Vida y Esperanza

Julio Cesar Moncada Paladino
(Alias Cocacola)

Lo Bueno, Lo Malo y Lo Feo
Testimonio de Vida y Esperanza

Autor: **Julio Cesar Moncada Paladino**
Diseño y maquetación: Ysmerio Rodriguez
Editorial **Branded Lives**
ISBN: **978-1-962388-28-3**

Aviso Legal de Derechos de Autor

Queda **prohibida la reproducción total** o parcial de esta obra, su incorporación a sistemas informáticos, bases de datos o plataformas digitales, así como su transmisión por cualquier medio —ya sea electrónico, mecánico, por fotocopia, grabación o cualquier otro método— sin la autorización previa, expresa y por escrito del titular de los derechos de autor.

Igualmente, **queda expresamente prohibido el uso, extracción, reproducción o transformación** de esta obra, en su totalidad o en parte, con el propósito de entrenar, alimentar o desarrollar sistemas de **inteligencia artificial (IA)**, modelos de lenguaje o tecnologías automatizadas de aprendizaje de máquina, sin el consentimiento explícito del autor o titular del copyright.

La violación de los derechos aquí señalados puede constituir un **delito contra la propiedad intelectual**, sancionado por la legislación vigente en los Estados Unidos conforme al **Título 17 del Código de los Estados Unidos (U.S. Code)** y por convenios internacionales como el **Convenio de Berna para la Protección de las Obras Literarias y Artísticas y el Acuerdo sobre los ADPIC (TRIPS)**.

Para solicitudes de uso, reproducción autorizada, licencias educativas o corporativas, o reproducción de fragmentos bajo términos legales, por favor comuníquese directamente con el autor o con la editorial a través de los canales oficiales.

Todos los derechos reservados. © 2025 Julio Cesar Moncada Paladino

ABSTRACTO

El **1 de enero de 2025** comienza un **nuevo año.** En noviembre pasado (2024) cumplí **69 años de edad**… ¡y el rancho sigue ardiendo! Estoy iniciando una asignatura pendiente en mi vida: *escribir un libro*.

Quise hacerlo en 1986, pero mi jefe y amigo **Edgar Vargas Guzmán** me aconsejó que no lo hiciera. Tenía razón: era demasiado temprano para comenzar a escribir mi historia. Pero ahora, que estoy decidido a hacerlo, no sé bien cómo empezar. Me siento como en el inicio del soneto del gran poeta español **Lope de Vega**: ¡qué atrevimiento el mío! Sin embargo, lo intenté: escribí un soneto dedicado al hombre campesino y trabajador, una *oda* a mi madre y otros escritos breves, redactados entre 1965 y 1975.

He decidido dividir este libro en tres partes bien definidas. Su título, **"Lo bueno, lo malo y lo feo"**, no busca asemejarse a una película de vaqueros, sino a unas confesiones sin filtro, aunque tampoco como las de San Agustín.

- **Lo bueno**, porque lo bueno son las cosas que me han ocurrido a lo largo de mi vida: las bendiciones que Dios preparó para mí y sigue dándome sin merecerlo, así como las buenas acciones que he realizado (aunque sean pocas en comparación con las malas).

- **Lo malo**, porque lo malo corresponde a mis errores, a las cosas negativas que he hecho y que no pienso repetir para permanecer en gracia con Dios, a los sucesos desafortunados que me han ocurrido y a las acciones dañinas de otras personas que me afectaron.

- **Lo feo**, porque lo feo representa todo aquello que no es ni una cosa ni la otra, lo tibio, lo ambiguo, que de alguna manera se entrelazó en mi vida.

Escribí este libro pensando en que sería una autobiografía, aunque en realidad no lo es. Más bien se trata de un relato de mis andanzas, no de manera cronológica, sino narradas en un estilo ameno y desordenado, para mantener en el lector el deseo y la avidez de llegar al final.

No es fácil plasmar una vida en un libro de unas cuantas páginas; sin embargo, un relato novelesco —una novela de la vida real— puede ser divertido. Espero que estas consideraciones iniciales sirvan al lector para comprender lo que este escritor —yo, que no lo soy— quiere transmitir en estas páginas.

Hay tanto de qué escribir que, como ya mencioné, lo adecuado es un resumen de vida, no un libro kilométrico. Por eso intentaré narrar con sencillez y honestidad los hechos y vicisitudes de este relato-novelesco-autobiográfico. Bueno, aquí vamos… a ver cómo resulta.

No obstante, siempre será importante conocer la aceptación y la opinión del público lector. La base de esa aceptación es la crítica, el análisis, la revisión y la calificación de la obra. Así que espero que tenga una buena acogida.

Oda a mi madre Isabel Paladino.

Nombre de Su Majestad,
apellido de un súbdito,
nombre de una santa,
aliada del bien.

SONETO AL BUEN TRABAJADOR

Qué alegres se levantan las mañanas,
pensativas y crueles en el trabajo,
de quien las tiene bajo las sotanas,
con sudor, con miel y ajo.
Yendo por los prados vives,
con un futuro ignorante,
y mientras vives en declives,
otro es el que sale triunfante.
El tiempo las huellas borrará,
el sudor el viento lo secará
y el olor impregnado a ajo quedara
quedandote para asi
con el dolor del trabajo
¡y la victoria te llevara si!

Dedicatoria

A mi esposa, la abnegada **Ana Patricia Ramírez León**.
A mis prudentes hijos: **Nellys Patricia, Braxis Isabel, María Lais, Julio César, Gonzalo Josué, Bryan David** y **César Ricardo**.
A mis amigos, que me han acompañado durante toda mi vida.
A mis enemigos, porque sin ellos no sabría defenderme.
A mis parientes, porque llevan mi sangre.
A mis abuelos y padres, porque gracias a ellos existo.
A mis hermanos: **Elizabeth, Miguel Eduardo y Javier Emilio**, mi compañero de juventud.
Y a todos los demás, un abrazo fraterno.

Contenido

PARTE I
Capítulo 1 Deogracias Moncada — 17
Capítulo 2 Julia Cuaresma — 25
Capítulo 3
Paladino-Cabrera (Mis abuelos Paladino Cabrera) — 29
Capítulo 4 Mi Padre — 33
Capítulo 5 Mi madre — 39
Capítulo 5.1 Los Zapatos Nuevos — 43
Capítulo 5.2 Legado de mi madre — 45
Capítulo 6 Yo: lo mejor de lo bueno — 47
Capítulo 6.1 Salida de Nicaragua — 51
Capítulo 6.2 José Luis Howay — 53
Capítulo 6.3 Ingenios — 55
Capítulo 6.4 La UCA — 57
Capítulo 6.5 Inicios en primaria — ¿Enamorado? — 61
Capítulo 6.6 Inicios en Secundaria — 65
Capítulo 6.7 Universidad — 71
Capítulo 6.8 Aventuras — 75
Capítulo 6.9 Mi Nacimiento — 79
Capítulo 6.10 Enamorado — 81
Capítulo 6.11 Deportista — 85
Capítulo 6.12
De aquí para allá, mi mentor: Dr. Jaime Downing — 89
Capítulo 6.13 Relaciones Profesionales — 93
Capítulo 6.14 Gracias a Dios: El Trapiche — 97
Capítulo 6.15 Amigos agradecidos — 101
Capítulo 6.16 Primer trabajo en EE. UU. — 105
Capítulo 6.17
Viaje a Nicaragua y regreso a EE. UU. Con la familia — 109

Capítulo 6.18 Trabajos Eclesiásticos y Viajes   113
Capítulo 6.19 Patricia, la Linda Muchacha   115
Capítulo 6.20 Mis suegros   119
Capítulo 6.21 Amigos de la tercera edad   123

PARTE II: LO MALO
Capítulo 1 Pesadillas   127
Capítulo 2 Escondiéndome   129
Capítulo 3 El Papaturro   131
Capítulo 4 Intolerante e Irrespetuoso   133
Capítulo 5 El Malecón   137
Capítulo 6 El insurgente   139
Capítulo 7 Probando, Probando   143
Capítulo 8 El Bachillerato-Pasión   145
Capítulo 9 Resultado del Licor   147
Capítulo 10 La Venta de Mi Casa   149
Capítulo 11 En la Cárcel   151
Capítulo 12 El Robo   157
Capítulo 13 Peter y USCIS   159
Capítulo 14 Mi Retiro   163
Capítulo 15 Mi tiempo libre   165
Capítulo 16 Algunas cosas que hice en mi tiempo libre 167
Capítulo 17 Mi Rodilla Izquierda   171

PARTE III LO FEO
Capítulo 1 Botas Blancas   177
Capítulo 2 Encuentro con Dina   179
Capítulo 3 La Casa de mi Abuelo   181
Capítulo 4 ATCHEMCO   183
Capítulo 5 Alquilando Casas   185
Capítulo 6 Comprando Carros   187
EPÍLOGO   189

PARTE I
LO BUENO

(Mis abuelos Moncada Cuaresma)

Mis bisabuelos paternos fueron **Santiago Moncada** y **Gloria Reyes**. Mis abuelos paternos: **Pablo Deogracias Moncada Reyes** y **Ana Julia Cuaresma Hernández**.

Por parte de mi abuelita Julia, mis bisabuelos maternos fueron **Emiliano Cuaresma** y **Eulalia Hernández**.

Hasta aquí llega mi linaje por la rama **Moncada**; más allá, o más atrás, no conozco.

Capítulo 1
Deogracias Moncada

Es importante narrar que mi abuelo **Pablo Deogracias Moncada Reyes** fue coronel del Ejército de Voluntarios del Partido Liberal de Nicaragua durante la presidencia del general **José Santos Zelaya** (1853–1919), cuyo mandato se extendió del 25 de julio de 1893 al 21 de diciembre de 1909.

Mi abuelo estaba bajo las órdenes del general **Juan Escamilla**. Conservo copia de un documento firmado por él. El coronel Deogracias Moncada fue herido en la **batalla de Namasigüe, Honduras**, en marzo de 1907. Mientras permanecía hospitalizado recibió un telegrama, escrito de puño y letra por el presidente Zelaya (también lo conservo), junto con un regalo: un espadín de lujo que utilizaba con el uniforme de **gala militar**, la llamada *levita*, adornada con sus condecoraciones.

Ese espadín, junto con cuatro espadas más que usó en sus campañas, mi abuelo se los entregó a su hijo (mi padre), **Miguel Moncada**. Nosotros —mis hermanos Elizabeth, Miguel, Javier y yo— solíamos jugar con ellas como si fueran simples juguetes. ¡Imagina! Jugábamos a la guerra con espadas verdaderas. Entre risas gritábamos: *"¡Agarrémonos a las espadas!"* y comenzaba el "clic, clic, clic" de los choques metálicos, lanzándonoslas como si se tratara de una auténtica batalla campal.

Hasta que un día mi padre descubrió aquel altísimo riesgo. No tuvo más remedio que deshacerse de las espadas y se las vendió a nuestro vecino, el doctor **Miguel Porta Caldera**. Recuerdo que jugábamos en el inmenso patio de la casa: un terreno enorme con árboles de cedro, zapote, aguacate, guayaba y, sobre todo, el famoso papaturro, fruto pequeño, blanco y dulce. Había ramas caídas, hierbas y zacate que nos llegaban al pecho. Ese patio era maravilloso; todos los niños del barrio iban allí a jugar y a comer papaturro.

Un día, mientras jugábamos, oímos la voz de nuestro padre llamándonos. Nos quedamos inmóviles. Entró al patio con una *tajona* en la mano y, uno a uno, nos dio un "tajonazo" en las nalgas. ¡Se acabó el juego!

Años después, en tiempos de la **guerra sandinista contra Somoza (1979)**, cuando ya me había graduado de **Ingeniero Químico-Industrial en la UCA**, vi aquellas espadas en la sala del doctor Porta, cruzadas como si fueran un escudo de armas. No dije nada ni a su hijo Miguel ni a mi propio padre. El ciclo estaba cerrado. Solo el espadín quedó en casa, guardado, sin que lo volviéramos a tocar.

Mi abuelo dejó muchas anécdotas. Fue secretario de la **Corte Marcial en 1929**, encargada de juzgar a militares desertores y soldados del **Ejército de Soberanía Nacional** del general Augusto C. Sandino. Además, era tío del expresidente de Nicaragua, el general **José María Moncada Tapia**.

Mi padre fue hijo único de mi abuelo con mi abuela **Julia Cuaresma**, aunque en realidad tuvieron tres hijos antes que murieron al poco de nacer. Por eso, cuando nació mi papá, mi abuelo dijo: *"Déjalo en el suelo; si se va a morir como los otros, que se muera de una vez"*. Pero mi padre sobrevivió. Siempre he pensado que, en realidad, no tengo muchos parientes Moncada; en cambio, de los Paladino, ¡sí que abundan!

Conviví con mis abuelos Moncada-Cuaresma hasta su muerte. Mi abuelo, sin embargo, tuvo cuatro hijos fuera de su matrimonio. Antes de morir los contactó, los llevó a Masaya y les entregó dinero como herencia. Solo recuerdo el nombre de **Domingo**.

Otra anécdota: mi abuelo contaba que vivió un tiempo en la ciudad de **León** —donde nacieron algunos de esos hijos—, "como un príncipe", según él. Allí trabajó en el restaurante **Los Prío**, lugar de renombre e historia, frecuentado por el gran poeta universal **Rubén Darío**, "Padre del Modernismo" y "Príncipe de la lengua castellana". Mi abuelo, como buen nica, bebía tragos con él.

Recuerdo también que un **Viernes Santo**, regresando del Lago de Granada (*Cocibolca*), la Policía detuvo a mi tío político **Armando Altamirano** por una imprudencia al volante y lo llevaron al cuartel de Masaya. Mi abuelo, al enterarse, se vistió de militar, pistola al cinto, y fue personalmente a sacarlo de la cárcel. Caso resuelto.

Otra historia, narrada por mi abuela Julia (a quien debo mi nombre, Julio): un día mi abuelo estaba sentado en la entrada de su casa cuando pasó montado a caballo un tal **Justiniano**, enemigo suyo por haber pertenecido al ejército de Sandino. Justiniano intentó embestirlo con el caballo, pero mi abuela salió con un revólver en mano y le advirtió: *"Si da un paso más con ese caballo, se muere"*. El hombre huyó al galope, desistiendo de su intento.

Mi abuelo también fue un gran **ebanista**, premiado en Masaya por la calidad de las guitarras que fabricaba. Además, preparaba un excelente **"compuesto"**, mezcla de licor con frutas, del cual bebía tres tragos al día: uno antes del desayuno, otro al mediodía y otro en la cena. "Dos dedos" —decía— entre el índice y el meñique.

Nació en **San Marcos, Carazo**, el 25 de enero de 1877 y murió el 8 de junio de 1968, en su casa en Masaya, a los 91 años. De carácter fuerte, militar hasta la médula, yo le servía de bastón y de monaguillo cuando iba al mercado: *"Vamos al mercado"*, me decía, vestido de gala, revólver al cinto y sombrero de fieltro.

Conservaba memorias y periódicos que relataban sus hazañas militares, además de un seguro de vida valorado en más de 30,000 dólares de la época (hoy equivaldrían a unos 300,000). Sin embargo, al morir, no recibió condolencias de su partido ni del Ejército Nacional. Mi padre, furioso, recogió todas sus memorias y aquel seguro de vida… y los quemó. Yo tenía 12 años.

Debo mencionar, eso sí, que gracias a mi madre, mi abuelo recibió una pensión vitalicia del Gobierno y del Partido Liberal, la cual pasó luego a mi abuela Julia. Ella lo consiguió gracias a sus gestiones con **doña Lía Plata de Hueck** y el doctor **Cornelio Hueck**, quien fue mano derecha del presidente **Anastasio Somoza Debayle**. Desde muy joven yo mismo retiraba aquella pensión en casa del doctor Hueck, llegando incluso a su dormitorio y oficina privada. En más de una ocasión me crucé allí con políticos de la época —algunos conservadores, enemigos suyos—, reunidos en tertulias y discusiones sobre la política nacional.

San Lorenzo de la Paloma, abril 25 de 1897.

La Presente Sirbe para dar á manifestar que el Coronel Deograsias Coronada. a militado en mis fuerzas de Voluntarios desde el 7 de Febrero asta el 25 de abril se a portado a la altura de su Deber. y hoy le concedo permiso para Reconsentrarse a su domisilio que es en masalla. arreglar asuntos interesantes.

Suplico a las Autoridades militares y Cibiles que tengan en cuenta los Serbisios de Dicho portador de la Presente.

El Jefe de Voluntarios

Gral. [firma]

Telégrafos Nacionales de Nicaragua

No. 5

Depositado en Campo Medio á las 8 p.m. del 2 de Mayo de 1907
Recibido en León á las ... p.m. del ... de 190...

A Desgracias Mercado

Ji Ministro Veesedona Silva Ya
Vigos Pendecia Ruga Cuadra
Gutile Joan Hernandez y demas
firmantes Hospital de Sangre
Como soldados interes he leido
su expresivo telegrama en que hacen
presente su protesta de adhesión y
simpatias hacia el Gobierno que
yo presido y su patriotismo
por la causa que defiende Ud.
con Jefe, en los Campos de Honduras, Creame Usted que me siento orgulloso de ser el Jefe de una
nación que cuenta con hijos (f) Telegrafista
M S

San Lorenzo de la Paloma abril 25 de 1907.

La Presente sirbe para dar á
manifestar que el Coronel.
Desgracias. Arroniada.
amilitado en mis fuerzas de.
Voluntarios desde el 4 de febrero asta
el 25 de abril se aportado a la
altura de su Deber. y hoy le conse-
permiso. para Reconsentirse a su
domisilio que es en masalla arreglar
asuntos interes---tes.

Suplico a las Autoridades
militares y Siviles que tengan en
cuenta los Sibisios de Dicho portador dela Presente.

El Jefe de Voluntarios
Iral. Zorrilla

TELÉGRAFOS NACIONALES DE NICARAGUA

No. _____   Ch. _____

Depositado en _____ á las _____ del _____ de 190_
Recibido en León á las _____ del 3 _____ de 190_

A

en ese Centro y aunque es des-
Seo mio que el Gobierno presido por el que J tengo honra de
nombrar sea generoso siempre en
defensa de la patria y de las
instituciones liberales, sean constantemente (sobre) asistidos también
es cierto que los nobles damas
de León con su filantropía
de siempre contribuyen muchísimo á dulcificar amar la
penosa situacion de Moden. Corresponde al atento saludo que
me hacen, y mis votos

El Telegrafista

TELÉGRAFOS NACIONALES DE NICARAGUA

No. _____   Ch. _____

Depositado en _____ á las _____ del _____ de 190 7
Recibido en León á las _____ del 3 _____ de 190_

A

en prov restablecimiento
Jefe y amigo
J. Zelaya

El Telegrafista

A. Somoza D.
GENERAL DE DIVISION G. N.

CORRESPONDENCIA PARTICULAR

MANAGUA, D. N., NIC.

Abril 26 de 1966

Coronel (MD) G.N.
Egberto Bermudez,
Médico Director Hospital Militar,
Managua, D. N.

Muy estimado Coronel:

    Permítome presentarle el caso del señor Deogracias Moncada R., viejo Soldado del 93 y fiel amigo del Ejército y de nuestra causa, a quien el suscrito vería con muy particular agrado el que sea internado en ese Hospital para efecto de que se le practique operación en la vista al mismo tiempo de que se le suministre la medicamentación necesaria.

    La generosa atención de Ud. en este caso será altamente agradecida, mientras aprovecho la ocasión para repetirme de Ud.

Muy atentamente,

A. SOMOZA D.
GENERAL DE DIVISION G.N.

ASD/dmo:

Juan B. Sacasa
Presidente de la República de Nicaragua.

Saluda a su amigo don Deogracias Moncada y le manifiesta que tuvo el gusto de recibir su apreciable de 3 del corriente mes de cuyos conceptos tomó nota y se impuso de su solicitud, la que tendrá en cuenta para tratar de complacerlo.

Managua, 4 de Mayo de 1933.

Capítulo 2
Julia Cuaresma

Mi abuela **Ana Julia Cuaresma de Moncada** —así se identificaban antes las mujeres casadas, con el *de* de pertenencia, aunque hoy nos parezca inapropiado— fue una mujer sabia, como lo son muchas abuelas: de carácter fuerte pero dulce, inteligente sin haber sido letrada, en pocas palabras, una abuela ejemplar.

Nació el **11 de febrero de 1899 en Nindirí** y murió en **Masaya el 18 de septiembre de 1990**, también a los **91 años de edad**, como mi abuelo.

Mi padre fue "hermano de leche" de **Camilo Frech**, reconocido comerciante de Masaya. Así se llamaba a quienes eran amamantados por otra mujer distinta de la madre biológica. Como mi abuela, tras dar a luz a mi papá, tenía abundante leche, la compartió con el niño Camilo.

Además, mi abuela crió a un niño al que llamó **Emilio**, quizás en memoria de su hermano del mismo nombre que había muerto años antes. Ya adulto, Emilio regresó a visitarla para agradecerle el bien que ella había hecho con él.

Durante la década de 1960, Nicaragua estuvo envuelta en gran convulsión política. Yo, joven emergente, tampoco estuve al margen. Recuerdo que en 1968 el diario *La Prensa*, dirigido por **Pedro Joaquín Chamorro Cardenal**, opositor al régimen de Somoza, publicó el lema **"¡Basta ya!"** acompañado de la imagen de una mano abierta. Entonces yo usaba esa misma señal para pedirle a mi abuela 50 centavos de córdoba: diez centavos por cada dedo abierto de la mano. Con ese dinero me compraba, casi a diario, un pan con queso en las vendedoras apostadas frente al **Teatro González**. Aquello se convirtió en una especie de "renta" que le cobraba a mi abuela.

Cuando cursaba cuarto año de secundaria formé parte de la **Banda de Guerra** de la escuela. Tocaba el redoblante con dos bolillos de madera, reforzados en la punta con un recubrimiento plástico para evitar que se quebraran. Pero un día, ¡lo quebré en dos partes! Angustiado, no sabía cómo explicarlo al capitán de la Banda y al director de la escuela.

Mi abuela Julia, al notar mi aflicción, me preguntó qué pasaba. Se lo conté y me dijo con serenidad:

—*Pásame los bolillos; voy a preparar una pega que te los dejará mejor que nuevos.*

Con ilusión le entregué las piezas rotas. Ella tomó un pedazo de queso grande, le añadió un poco de agua y lo puso a fuego lento en su cocina improvisada con medio barril lleno de arena de mar y sostenido por cuatro piedras de lava del **Volcán Masaya**, a las que llamábamos "piedras quemadas".

Después de dos "lavadas" del queso, obtuvo un líquido semejante a suero. A la tercera lo mezcló con lo que quedaba del queso, batiéndolo a mano. Untó con esa preparación las partes del bolillo roto, las unió y me indicó:

—*Déjalos quietos; no los toques hasta mañana por la tarde, que estarán listos.*

Así lo hice. Y, en efecto, ¡quedaron más firmes que antes! Intenté separarlos y fue imposible; se podían quebrar por otro sitio, pero jamás en la unión. Además, mi abuela les dio una ligera lijada con papel fino para disimular la marca. **Impecable.** Así, mi querida abuela Julia me salvó de un gran problema escolar.

Muchos años después comprendí el secreto de aquella "pega". En mis estudios de Ingeniería Química descubrí que el queso contiene **caseína**, una proteína de la leche que, junto con lípidos y minerales, sirve de base para fabricar pegamentos. Más tarde, trabajando como representante de adhesivos en **Kativo de Nicaragua**, confirmé esa teoría. ¿Será que mi vocación de ingeniero químico nació con aquella lección de mi abuela? Quizás.

Eso sí, la pega de mi abuela tenía un defecto: ¡hedía mucho! Pero era efectiva. Ella la había aprendido de mi abuelo, que también era ebanista y la usaba para ensamblar guitarras.

Todos unos **químicos alquimistas** en mi familia, ¿no creen?

Capítulo 3
Paladino-Cabrera (Mis abuelos Paladino Cabrera)

Mis bisabuelos maternos Paladino fueron **Eduardo Paladino** y **Úrsula Cabrera**. Mis abuelos maternos: **Eduardo Paladino Guadamuz** y **María Cabrera**.

Mi abuelo Eduardo y mi abuela María eran originarios de **Granada**. Él era un hombre moreno, de piel curtida por el sol, comerciante muy trabajador que logró darles a sus diez hijos una vida estable. Ella, en cambio, era blanca, guapa y altiva, con un fuerte deseo de superación que inculcó a sus hijos.

Con la familia Paladino fue con la que más me relacioné, pues mis abuelos paternos solo tuvieron un hijo. Mi madre fue la hija mayor de los Paladino.

Los diez hijos de mis abuelos fueron:

- **Isabel** (mi madre), casada con **Miguel Moncada Cuaresma**.

- **Juana**, a quien cariñosamente todos llamábamos *Mamatía*. Nunca se casó.

- **Eduardo**, médico reconocido y político conservador, casado con **Lila Sánchez** (*Lilita*), de Masatepe.

- **Armando**, el tío alegre, contador de chistes y gran administrador. Fue gerente general de la famosa **Ferretería Gallo y Villa** y uno de los mejores vendedores de **Nabisco Cristal**, fábrica de galletas en Managua. Casado con **Susana Marcos**.

- **María Jesús** (*tía Mayu*), la primera en morir. Estuvo casada con **Armando Altamirano**, quien trabajó en la prestigiosa fábrica de telas **Gadala María** en Managua.

- **Carmen**, que emigró a Estados Unidos gracias a mi tía Jenny. Se casó con **Sócrates Pérez Arévalo**, del Diriá (Granada).

- **Margarita** (*tía Negra*), casada —y tal vez divorciada— con **Carlos Soto** de Chinandega, un buen hombre.

- **Orlando** (*tío Negro*), muy inteligente y afortunado: ¡se ganó la lotería! Estuvo casado con **Teresa Gutiérrez**.

- **Emilio**, dentista, catedrático y decano de la Facultad de Odontología en la **Universidad Nacional Autónoma de México (UNAM)**. Se casó con **Luz María Arango**.

- **Teresa** (*tía Tita*), casada y posteriormente divorciada de **Carlos Reyes**, quien viajó a estudiar a España. Trabajó en *La Prensa* y en *El Nuevo Diario*.

De esta gran familia Paladino surgieron muchísimos primos: dos Paladino-Marcos, cinco Paladino-Sánchez, una Pérez-Paladino, seis Altamirano-Paladino, dos Soto-Paladino, cuatro Paladino-Gutiérrez, dos Paladino-Arango, una Reyes-Paladino y nosotros cuatro Moncada-Paladino. Sin contar los hijos de segundas nupcias de algunos tíos y tías. En total, tantos primos que ya perdí la cuenta. Como solemos decir: *"tengo primos Paladino para tirar para arriba, como arenas del mar"*.

Mi tío **Orlando**, cuando ganó la lotería, me pagó un semestre completo de la universidad. Siempre le estaré agradecido.

Mi tío **Armando**, el alegre, me recogía en Masaya para llevarme a la universidad en Managua; trabajaba en Nabisco Cristal y, a pesar de vivir en Rivas, aprovechaba el viaje para visitar a diario a mi madre, su hermana mayor. Mi tío **Eduardo**, médico y político, me curó de una fuerte tiña en la cabeza. Mi tía **Margarita**, la Negra, tenía la costumbre de llamarme siempre por mi nombre completo: *Julio César*. En su boca sonaba especial. Y mi tía **Tita**, trabajadora y decidida, solía decir con ironía: *"¿Pero qué necesidad tenía este muchacho?"*

De mi abuelo Eduardo recuerdo que también le serví de bastón y guía. Le gustaba ponerme su sombrero elegante y, al acostarse, lo escuchaba orar y pedir a Dios por cada miembro de su familia, nombrándolos uno a uno. Eso sí… ¡rechinaba los dientes al dormir! (risas).

Tuvo una gran tienda en **Ticuantepe**, en la meseta del volcán Masaya. En su vejez se fue a vivir con mi tío Eduardo a Matagalpa, donde falleció. Antes murió mi abuela María, a quien recibimos en el aeropuerto, ya enferma y en silla de ruedas tras una caída en el baño. Mi tío Eduardo la llevó a Matagalpa para que ambos abuelos pasaran juntos sus últimos días. Así fue: primero ella, luego mi abuelo.

A pesar de haber tenido diez hijos, mis abuelos terminaron **separados**. Él se mudó a Ticuantepe y ella a Managua, al barrio San Antonio. Nunca se divorciaron ni volvieron a casarse. Él tuvo algunas aventuras sin compromiso; ella vivió acompañada de *Mamatía* y de la tía Carmen, ambas solteras, además de las hermanas Pichardo (María y Margarita), a quienes crió como hijas.

En 1960, *Mamatía* emigró a Estados Unidos. Al año siguiente lo hicieron mi abuela María y la tía Carmen. Al principio vivieron juntas, pero cuando Carmen se casó con Sócrates Pérez se mudaron aparte, en San Francisco, California.

Cada vez que mi abuela regresaba de vacaciones a Nicaragua se hospedaba en mi casa, con su hija mayor, mi madre. Gracias a ella conocimos el juego **Monopoly**, aprendimos a comer *corn flakes*, panqueques, jamón enlatado *Spam* y las galletas dulces que tanto le gustaban, que mojaba en leche con café.

Mi abuela María era de carácter fuerte, de esas mujeres que honraban el dicho: *"Donde ponía el ojo, ponía la bala"*. Tenía una sorprendente astucia para prever los acontecimientos, un don que transmitió a varios de sus hijos, nietos y bisnietos.

Tenía también un gato hermoso al que llamó **Cacreco**. Cuando ella emigró a Estados Unidos, mi madre se lo trajo a nuestra casa.

Capítulo 4
Mi Padre

Mi papá —el que Dios me dio—: **Miguel Jerónimo Moncada Cuaresma**, estaba muy orgulloso de su padre, el coronel **Pablo Deogracias Moncada Reyes**.

De muy joven fue **radiooperador** en la **Hacienda La Fundadora**, en Jinotega, propiedad del entonces presidente de Nicaragua, el general **Anastasio Somoza García**. También fue radiooperador y segundo al mando de los famosos barcos nicaragüenses que navegaban el Gran Lago de Nicaragua: el **vapor Victoria** y el **vapor Somoza**.

Mi papá llegaba a enamorar a la señorita **Isabel Paladino Cabrera** montado en hermosos caballos de La Fundadora. Tras el bachillerato, **Miguel Moncada Cuaresma** fue un feroz autodidacta y lector empedernido, conocedor de todo. Como era de esperarse, nos compró muchas enciclopedias —**Barsa** y **Lo Sé Todo** (las mejores en ese tiempo)— y otras más que donó a la escuela primaria del **Instituto Nacional de Masaya** (entonces llamada *Anexo al INMA*).

Cada domingo, al volver de la misa de 8:00 a. m. en la **Iglesia San Jerónimo de Masaya** —oficiada por el padre **Rodolfo Hernández**, quien celebró nuestra **Primera Comunión** a Javier y a mí—, mi tío **Armando** nos había hecho un regalo: una caja llena de soldados de plástico, ambulancias y patrullas a batería con luces. Al regresar de misa, mi papá siempre nos tenía preparado un riquísimo desayuno, incluidos unos huevos "a la ranchera" bien molidos. Deliciosos.

Viajes y trenes

Recuerdo que algunos fines de semana mi papá nos llevaba **en tren** (Ferrocarril del Pacífico de Nicaragua, **FPN**) de Masaya a Diriamba para visitar a sus padres, mis abuelos **Deogracias** y **Julia**. La línea férrea atravesaba un túnel antes de pasar por **Catarina** y se abría a las laderas de la **Laguna de Apoyo**: paisaje lindísimo. Al pasar por **Masatepe**, casi pared con pared —con una calle al medio—, veíamos la casa del expresidente **José María Moncada**. Yo sabía que mi papá era hijo del que fue tío del general, pero nunca le puse mente… hasta que en la **UCA** me encontré con un nieto suyo, **José Omar**; nunca nos identificamos como parientes (Miguel, mi hermano, me comentó que él sí tuvo algún acercamiento con esos Moncada).

En Diriamba llegábamos al **Centro Destilatorio Santa Cecilia**, de la familia **Rodríguez Blen**, donde mi abuelo trabajaba como jefe de seguridad y, por contrato, le daban **casa sin pagar**. Vi pilas de **melaza** para fermentar y destilar alcohol. Bello paisaje: cafetales y **piñuela** como cerco.

Mi papá también nos llevó por tren a **Corinto**, importante puerto del Pacífico nicaragüense. Conocimos el famoso **Puente Férreo "Paso Caballos"**: los rieles pasaban sobre el mar en una bocana que se adentraba al puerto y el tren cruzaba **muy despacio** porque los soportes eran **pilotes de madera**. Se decía que había una conexión ferroviaria hacia **San Juan del Sur**, pero que el tren nunca llegó a ese puerto.

En **1990**, durante el gobierno de **Violeta Barrios de Chamorro**, se **arrancaron y vendieron** las líneas del tren, desapareciendo para siempre ese modo de transporte. Cuando trabajé en los **ingenios azucareros** de Nicaragua, visité la **fundición** del FPN porque fabricaban equipos para los ingenios. También nos daban servicio dos fundidoras: **Taller La Perla**, del señor **Juan Peters**, y otra cerca del **Mercado Oriental**.

Fe, casa y música

Mi papá **nació, creció y se casó católico** en Masaya, pero en **1968** se cambió a la fe **mormona**. No sé cómo ni por qué; él era un hombre muy letrado e inteligente. Mi mamá le dijo: *"El único que va a ser mormón en esta casa sos vos; a mis hijos no me los toqués, menos a mí".* Y así fue: el único mormón en casa. Con el tiempo, misioneros mormones extranjeros —de **Estados Unidos y Guatemala**— se hicieron amigos de mi mamá y le pidieron **alojamiento** por una paga considerable: ellos ahorraban y mi mamá se financiaba. Buen trato. Si mi papá no se hubiera hecho mormón, esa negociación no habría existido y mi mamá no habría tenido esa entrada extra, **muy beneficiosa** para nosotros.

Cuando los mormones no estaban en su cuarto, yo —abusivamente— me ponía sus **audífonos** de alta calidad y escuchaba sus **cintas originales**: el álbum *Déjà Vu* de **Crosby, Stills, Nash & Young**; *Catch Bull at Four* de **Cat Stevens** y la canción *Wild World*. Linda música.

Oficios, justicia y Palacio Nacional

Mi papá trabajó muy duro para mantener a la familia y darnos lo mejor que pudo. Algunas anécdotas laborales:

- Fue **jefe de personal** en **INCA** (Industria Nacional de Clavos y Alambres, Masaya). Por su sentido de **justicia social**, tomó la iniciativa de subir el sueldo a los trabajadores; se ganó el respeto de ellos y el disgusto del dueño, **Salvador Bandes**… y **su despido**.

- Fue **trabajador fundador** de la **Cervecería El Águila** en Managua, como jefe de despacho y bodegas.

- Fue **jefe de bodegas** en **Puerto Sandino**, puerto del Pacífico.

- Trabajó en la **Dirección General de Ingresos**, en el **Palacio Nacional**.

De este último empleo guardamos gratos recuerdos. Una vez por semana **echábamos suertes** para acompañarlo al Palacio: escondía dos **palillos** en el puño —uno corto (ganador) y uno largo (perdedor)—, presionados entre el pulgar y el índice, de modo que no se distinguían. ¡Y al fin me tocó a mí!

Aquel día fue inolvidable: yo tendría 8–10 años. Lo primero que hice fue jugar en el escritorio de mi papá. Me presentó a sus compañeros, caminamos por todos los pisos. El edificio imponía: **puertas enormes** de madera fina, salones, **columnas**, dos guardias de gala en la entrada principal y otros dos en la escalera hacia el segundo piso. Por último, **subimos a la azotea**: vista al **Lago Xolotlán** o **Lago de Managua**, el **Campo de Marte**, la **Avenida Roosevelt**, el **Club Managua**, el **Parque Central** con su gran pila de agua y lagartijas **cuajipal**. ¡Qué recuerdo más lindo!

Treinta años después hice mi segunda visita al Palacio para gestionar el permiso de producción de alcohol de mi destilería (lo relataré más adelante en esta pseudonovela). Aquella vista por los cuatro costados me quedó grabada desde niño. **Trece años después**, un comando del **Frente Sandinista** al mando de **Edén Pastora** (Comandante Cero) tomó el Palacio Nacional.

Herencias, patios y un león peludo

Cuando mi abuelo **heredó** a sus cuatro hijos que vivían en **León**, ya le había dado a mi padre la **casa donde nací**, contigua a la suya. Además, le dijo a mi papá que se quedara con la **parte de patio** que quisiera porque lo restante se lo vendería a **Candelario González**, esposo de **Violeta Hernández**, sobrina de mi abuela Julia. Así, la propiedad pasó de **¼ de manzana** (una manzana = 100×100 m) a

la mitad de ese cuarto, perdiendo para siempre el inmenso y lindo patio donde de niños correteábamos y jugábamos a las espadas.

Una vez nos peleamos **a pedradas** con los vecinos del fondo, patio con patio. El alboroto fue tal que mi papá, furioso, lanzó una piedra que pegó en un árbol detrás del cual estaba el padre de los vecinos. Minutos después llegó a **poner la queja**. Es posible que, por estos problemas, mi papá no quisiera la parte del terreno que colindaba con ese patio.

Aún lo **añora** mi corazón. Mi gran amigo y hermano, el doctor **Gerardo Sánchez**, me lo recordó cuando lo visité en Masaya en **2023**.

Tuvimos perros de raza **chow-chow**, descendientes de unos que el general **Somoza** regaló a un vecino. Al nuestro mi papá lo llamó **Milán**: *lengua pinta*, hermoso, peludo, **color café rojizo**, con melena de león. ¡Y sí, lo parecía! Nos cuidaba como un guardián; **inteligente, obediente y muy entendido**. Mi mamá lo quería tanto que, cuando **Murió a los 15 años**, no permitió que lo tiraran al basurero —como solía hacerse entonces—: lo **enterró en el patio**.

Milán tuvo **dos machos**: uno idéntico a él y otro **negro azabache**, lengua negra, como su abuelo canino. ¡Mi papá los regaló! Nos quedamos sin perros. Los escondimos, pero ya había dado su palabra. **Punto final.** Sí… lloramos.

Jugando en la calle con Milán —yo tendría 8–10 años—, se me lanzó encima con las patas delanteras en la espalda; caí y me golpeé el **ojo izquierdo** en la cuneta. Me **rajé la ceja** cerca del ojo; sangré mucho y mi mamá me puso algodón con alcohol hasta parar la sangre. Me quedó una **seña** de por vida: recuerdo de mi querido Milán.

Béisbol, umpires y una despedida

Mi papá nos llevó al antiguo estadio de **Masaya** a ver la **final de béisbol amateur** entre **San Fernando (Masaya)** y **Flor de Caña (Chinandega)**. Lanzó el famoso pitcher masayés de bola lenta, **"Mamá Moncha"**. Perdieron. **Manuel Tejada** era de los mejores **umpires** del home; mi papá me lo presentó después de un juego profesional en **Granada**, entre el **Oriental** (mi equipo) y el **Boer** (de la capital). Al saludarme, me preguntó: *"¿Quién gana el campeonato, el Oriental o el Boer?"* Me quedé atónito y respondí, equivocándome: *"El Boer"*. De inmediato rectifiqué: *"No, no, el Oriental"*. Él sonrió: *"Que gane el mejor"*. Otro umpire que recuerdo era un tal **"Chele"**, que cantaba los *strikes* y el ponche levantando el pie derecho y marcando la seña con un estilo muy peculiar. Yo tendría entre **5 y 8 años**: tiempos de la añorada **Liga Profesional**.

En **2009**, un **Día del Padre**, saliendo de su culto mormón en **El Rosario, Carazo**, mi papá fue **arrollado mortalmente** por un microbús conducido por un chofer **ebrio**. Lo lloré en silencio aquí, en **Estados Unidos**. No pude ir a Nicaragua: estaba tramitando mi **estatus legal** y mi abogado, el doctor **Mario Lovo**, me sugirió no salir del país.

Capítulo 5
Mi madre

Hablar o escribir acerca de mi mamá me ata la garganta… y creo que a todos mis hermanos les pasa igual. Escribir sobre ella es como intentar que ni el viento roce dulcemente una flor, para no ocultar su belleza. **Belleza en todos los sentidos**: excelente hija, excelente hermana, excelente amiga, novia, esposa y… ¡excelente MADRE!

¡A Dios gracias por habernos regalado a esta dama como nuestra madre! Nosotros, sus hijos —**Elizabeth, Miguel, Javier y Julio**— fuimos bendecidos por tener una madre como **ella**.

Adiós, Chabelita.

Adiós, Cha.

Adiós, doña Chabelita.

Adiós, doña Cha.

"Doña Cha, fíjese que tengo este problema… ¿qué me aconseja?" Era un desfile interminable de saludos, de gente que la buscaba, que la respetaba, que confiaba en su palabra.

Yo le decía: *"Mamá, cómpreme una moto. Ya tengo el casco y la chaqueta de cuero que me regaló mi amigo Marlon Solís, solo me falta la moto… cómpremela."*

Ella me respondía, sonriente: *"Está bien, andá donde don Felipe Ruiz y decile que digo yo que te haga una moto, que después le pago".*

Don Felipe, gran carpintero del barrio San Jerónimo en Masaya, jamás fabricaba motos, pero esa era su manera de decirme con ternura que no. Yo insistía: *"Mamá, en serio, cómpremela"*. Y ella, riéndose, decía: *"Espérame pues, voy al patio a cortar las hojas de limón"*.

Con esa broma se refería al dinero, que en casa nunca faltaba gracias al gran **árbol de limón** del patio: alto, frondoso, generoso, que daba limones grandes y hermosos todo el año, detrás del cuarto de mis padres.

Mi madre tuvo una gran tienda de abarrotes. Con los años y la edad la redujo a una **ventecita** donde vendía lo básico del día a día. Siempre hubo dinero en casa. A veces lo agarrábamos sin permiso para pagar fiestas en el club o darnos algún gusto juvenil. Mi madre lo sabía todo. **Nadie la engañaba.**

Anécdotas de mamá

Una vez mi hermano **Javier** fue invitado por **Pompeyo Porta** a cazar. Cada quien llevaba su rifle. Javier llevó el de balines que nos habían comprado. No cazó nada, se enojó consigo mismo y, frustrado, azotó el rifle contra el suelo, rajando la culata de madera.

Al llegar a casa le dijo a mamá que se le había caído sobre una piedra. Ella lo miró fijo y le preguntó:

—*No, decime la verdad… vos agarraste el rifle y lo quebraste contra el suelo, ¿es así?*

Javier, impávido, bajó la cabeza y susurró:

—*Sí, mamá, así fue.*

Le dolió más haber sido descubierto que el regaño mismo.

Otra vez, llegó mi papá del trabajo. Apenas puso un pie en la casa, mi mamá le dijo:

—*Perdiste el trabajo, ¿verdad? ¿Qué pasó?*

Mi papá, sorprendido, contestó:

—*Sí, perdí el trabajo... después te cuento.*

Mi madre heredó ese don de mi abuela **María**: sabía de antemano lo que ibas a preguntar o lo que había sucedido, como si lo presintiera. No era cartomancia ni adivinación, sino un don espiritual, de esos siete dones que regala el **Espíritu Santo**.

Capítulo 5.1
Los Zapatos Nuevos

¡Hay tanto que contar sobre **Isabel Paladino**, y todas las anécdotas son buenas!

Un día cualquiera fuimos a la piscina del **Colegio Salesiano**, en el barrio Monimbó de Masaya. Íbamos en grupo: mi hermano **Javier**, nuestro vecino **Jimmy Moreno Palacios**, mi mejor amigo **Gerardo Sánchez Vega**, sus hermanos y varios más. Éramos toda una pandilla.

En los vestidores dejé mi ropa y mis **zapatos nuevos de buen cuero**, recién comprados en la zapatería de **don Agustín Castro**, llamada *Moda Elegante*. Él era amigo de mi papá, persona muy estimada y reconocida en Masaya, además de haber sido jugador de béisbol en el equipo **San Fernando**.

Me puse la calzoneta y todos nos lanzamos a la piscina. Allí llegaban muchos niños y jóvenes, pagando apenas unos centavos de córdoba como entrada, bajo la vigilancia de los curas salesianos. Nada extraordinario.

Ya tarde, después de mucho rato en el agua, decidimos retirarnos para ir a casa, arreglarnos y, por la noche, salir con la novia o los amigos. Cuando entré al vestidor para ponerme la ropa y… ¿mis zapatos? ¡No estaban! ¡Me los habían robado!

A cambio, encontré unos **zapatos de hule**, viejos, rotos y sucios, de la marca *Sandak*. ¡Qué detalle el del ladrón! Parecía que le dio pena dejarme descalzo y me dejó los que ya no le servían.

Lo Bueno, Lo Malo y Lo Feo

De mi casa, en el barrio San Jerónimo, hasta el Colegio Salesiano en Monimbó había unos **tres kilómetros**. ¿Se imaginan al lector cómo me sentía, caminando prácticamente todo Masaya con aquellos zapatos rotos de hule y la culpa encima por haber perdido los míos? Mi madre me había advertido: *"No los llevés, andate con tenis"*. Pero no, yo quería lucir mis zapatos nuevos, andar de fachento enseñándolos.

¡Ay, mamita! Al llegar a casa, ¿qué le iba a decir? ¿Y ahora qué hacía?

Para colmo, en esos días habían nacido unos perritos en casa, de la misma raza de la que hablé antes, y aún no abrían los ojos. Fue mi hermano **Javier** quien dio la noticia en casa:

—*¡A Julio le robaron los zapatos nuevos en la piscina del Salesiano!*

—*¿Quééé?* —exclamó mi madre—. *¡Te lo dije, que no fueras con esos zapatos, como que si no tenías otros!*

Mi mamá nunca nos pegaba. Solo me dijo:

—*Andate al último cuarto y no me salís, como castigo.*

Me fui con la cola entre las piernas, llorando por mis zapatos. Y como buen niño, al rato ya estaba de regreso, ingenuo, y le pregunté: —*Mamá, ¿ya abrieron los ojos los perritos?*

Ella me contestó con ironía:

—*¡Vos dundo hubieras abierto los ojos, para que no te robaran los zapatos!*

Desde ese día, mi hermano Javier nunca dejó de molestarme con esa frase: —*"¿Ya abrieron los ojos los perritos?"*

Y todavía lo hace.

Capítulo 5.2
Legado de mi madre

Mi querida madre nació el **8 de junio de 1917** y murió de **cáncer de pulmón** el **4 de febrero de 1980**, a la temprana edad de **63 años**.

Siempre nos repetía: *"Estudien, sean profesionales, salgan de la universidad. Esa es la herencia que les dejo."* Y sí, se sacrificó mucho para que ese sueño suyo se hiciera realidad: **ver a sus hijos convertidos en profesionales**.

¿Y qué creen? ¡Lo logró! Y no solo eso: alcanzó a **vernos graduados**.

- **Elizabeth**, Secretaria Ejecutiva, egresada de la Escuela de Comercio *Isabel de Robleto* (mi madrina).

- **Miguel Eduardo** y **Javier Emilio**, odontólogos, egresados de la **Universidad Nacional Autónoma de México (UNAM)**.

- Y yo, **Ingeniero Químico-Industrial**, graduado de la **Universidad Centroamericana (UCA)**, San Ignacio de Loyola, en Managua, regida por sacerdotes jesuitas.

Ese fue su gran legado: **el deseo de superación**.

En su juventud, mi mamá ayudó a mi tío **Eduardo** para que estudiara Medicina, y él, a su vez, ayudó a mi tío **Emilio**, quien estudió en México. Una verdadera **cadena de hermanos unidos**, que refleja los valores de apoyo y solidaridad que mi madre sembró en su familia.

Capítulo 6
Yo: lo mejor de lo bueno

Como estamos en la parte de **LO BUENO**, comenzaré narrando así: creo, aseguro y afirmo que lo mejor que me ha pasado en la vida es la persona que Dios me dio como esposa y compañera: **Ana Patricia Ramírez León**.

Nos casamos el **25 de enero de 1986**, pero ¡ay, mamita!, todo lo que pasamos para llegar a ese día… Una parte la contaré en **LO FEO**.

Otro de mis grandes logros fue graduarme de **Ingeniero Químico-Industrial** en la respetada **Universidad Centroamericana (UCA)** —muy reconocida en toda Latinoamérica—, y hacerlo con mi madre en vida, para orgullo de ambos.

La maratón universitaria

Mi graduación fue una verdadera carrera maratónica. Me explico: me gradué de bachiller en 1973 e ingresé a la universidad en febrero de 1974, iniciando el **Ciclo Básico** (los dos primeros años en que todos los estudiantes llevan las mismas clases). Luego, en el tercer año, cada quien empezaba su carrera: Ingenierías, Humanidades o Agropecuarias.

En mis generales llevé **Matemática Cero** (matemática básica). Yo entré a la universidad como si siguiera en secundaria: sin darle importancia, muy juguetón. El resultado fue evidente: pasé las clases apenas con 6 y 7, y no aprobé Matemática Cero.

Aquello me hizo reaccionar. Pensé: *"¿Esto es lo que quiero? ¿Y es lo que mi mamá espera de mí?"* Reprobada esa materia, no podía avanzar a Matemática I, y como todas las matemáticas dependían de esa base, mi carrera se podía extender a 7 u 8 años.

Ya había decidido estudiar Ingeniería Química porque mi papá había querido ser ingeniero químico y no pudo lograrlo. Yo quería honrarlo. Pero no había empezado con buen pie: en secundaria pasé Química con 7.52 y Física con 7.51, el mínimo para aprobar, fruto de mi irresponsabilidad.

Al fin entré en razón. Mis compañeros me aventajaban: ellos sí podían graduarse en los cinco años normales. Además, disfrutaban vacaciones de verano. Yo, en cambio, no tuve **ninguna**.

La bendición de Dios fue que todas las materias que me bloqueaban el paso se impartían en los cursos de verano. Así, llevé dos clases cada verano (diez en total durante cinco años), pasándolas con notas de 9 y 10. Mi índice académico final se levantó a 8. ¡Increíble! Me gradué junto a mis compañeros que nunca habían perdido una clase.

Me demostré que **querer es poder**.

Fui el mejor alumno de **Química Orgánica**, impartida por el doctor **Jaime Downing Urtecho** (QEPD), decano de la Facultad de Ingeniería y fundador de la carrera de Ingeniería Química-Industrial. Más tarde, él sería mi jefe en la industria.

Estuve entre los mejores alumnos de la carrera. Fueron cinco años sin descanso ni vacaciones, pero ¡lo logré! Perdí —o más bien gané— cuatro años de fiestas patronales de San Jerónimo y noches con mis amigos… pero logré mi objetivo.

Mi mejor amigo, **Gerardo**, en ese tiempo estudiaba Medicina en León.

Mis hijos, mi orgullo

Claro, lo mejor de lo bueno son también mis hijos: mi mayor orgullo.

Con **Patricia** tuve seis: **Nellys Patricia, Braxis Isabel, María Lais, Julio César Jr., Gonzalo Josué** y **Bryan David** (este último nació en Estados Unidos). Además, tengo a **César Ricardo**, quien nació mucho antes de conocer a Patricia.

Gracias a Dios, todos siguieron el camino correcto y se convirtieron en profesionales:

- **César Ricardo**, Máster en Administración Hotelera y Turismo.
- **Nellys Patricia**, Tecnica Oftalmóloga.
- **Braxis Isabel**, Licenciada en Administración de Salud.
- **María Lais**, Técnica en Radiología y Tomografía Computarizada.
- **Julio César Jr.**, Administrador de Empresas.
- **Gonzalo Josué**, Técnico en Repuestos Automotrices.
- **Bryan David**, aún en Secundaria.

Cuando me preguntan si todos mis hijos son de la misma madre, respondo con humor: *"Sí, todos son hechos con LA MISMA"*. ¿Entendido?

En Okeelanta, el ingeniero **Lima**, cubano, siempre me comentaba que seis hijos eran demasiados, pues en su cultura solían tener solo dos. Yo sonreía orgulloso.

Capítulo 6.1
Salida de Nicaragua

Antes de partir de **Nandaime, Nicaragua**, rumbo a Estados Unidos, nos reunimos en familia para orar, con la Biblia en mano. Al terminar la oración pedimos al Señor que nos diera una palabra, y al abrir la Escritura, con el dedo señalamos el pasaje que nos inspiró el **Espíritu Santo**, confirmando que Él nos enviaba al exilio.

También Patricia puso otra señal en manos de Dios: *"Si se vende el chinero, es voluntad del Señor que nos vayamos"*. El chinero era un aparador grande, de madera preciosa de laurel, con ventanas de vidrio. Cuando regresamos del Consulado de Estados Unidos en Managua —donde fuimos a tramitar las visas de Gonzalo y Julio, que no la tenían porque aún no habían nacido cuando viajamos en 1991 y 1992—, la empleada nos recibió diciendo: *"Doña Patricia, ¡se vendió el chinero!"* Punto final. Decisión tomada: salir de Nicaragua.

Viajamos a Estados Unidos con cinco hijos. **Nellys**, la mayor, tenía 12 años, y **Gonzalo**, el menor, apenas 23 meses, a punto de cumplir dos años. Era, como decía Patricia, *"una marimbita"*, una cuadrilla de patitos. El padre **John Mericantante Palladino** la llamaba *"La Escuelita"*.

El padre John me dio una carta de presentación dirigida al ingeniero **Ricardo Lima**, gerente general del **Ingenio Okeelanta**, ya mencionado antes. Esa carta fue la llave para abrirme las puertas de esa gran empresa azucarera. El ingeniero Lima me apoyó siempre.

En Nicaragua, parientes y amigos nos decían que estábamos locos: *"No van a aguantar ni la arrancada en Estados Unidos"*. Esa expresión nicaragüense quiere decir que no duraríamos ni un mes allá, y menos con cinco niños pequeños.

Pero, para no hacer este libro kilométrico, resumo así: **25 años después de haber arribado a este gran país,** trabajé en el **Ingenio Okeelanta** en South Bay, Florida, durante **18 años como supervisor de producción** (yo ya tenía experiencia porque había trabajado en ingenios de varios países). Y durante esos 18 años en Okeelanta, todos mis hijos se graduaron de universidad.

Si esto es estar locos, pues sí: **estamos locos, pero de alegría, felicidad y agradecimiento a Dios**, que nos ayudó a salir adelante y a soñar —y vivir— el sueño americano.

Capítulo 6.2
José Luis Howay

¡Ah! Hablando de ingenios... ¿cómo fue que entré a trabajar en los ingenios azucareros de Nicaragua?

En noviembre de 1982 ingresé al **Ingenio Javier Guerra Báez** (antes Ingenio Amalia), en Nandaime —ciudad natal de Patricia, en el departamento de Granada—. Allí fui contratado como **director industrial, gerente de producción o superintendente de fábrica**. Fue en ese lugar donde me flechó Patricia.

Pero vayamos paso a paso.

Yo venía de trabajar en la industria privada nicaragüense desde antes de graduarme. Mi contrato más reciente había sido como **gerente de producción en Química Borden Centroamericana**, hasta octubre de 1982, con apenas 26 años de edad. A esa empresa llegué como asistente del gerente de producción a petición del ingeniero **José Luis Howay**, quien ocupaba ese cargo. Cuando él se fue a Estados Unidos, me dejó en su puesto como gerente de producción.

José Luis no solo fue mi jefe, sino también mi maestro: me impartió las clases de **Operaciones Unitarias** en el quinto año de Ingeniería Química y fue mi **tutor de monografía de grado**.

¿Por qué llegó a buscarme a mediados de 1981, cuando yo trabajaba en las oficinas del **MIDINRA**, como gerente del proyecto *"Industrialización de la Yuca"*? Allí era contraparte en la producción de **alcohol etílico como carburante automotor** y representante del **Instituto**

Centroamericano de Investigación y Tecnología Industrial (ICAITI).

La oficina quedaba cerca del restaurante *Los Gauchos* en Managua.

Sucede que en 1980, cuando yo trabajaba en **Polímeros Centroamericanos (POLYCASA)**, el doctor **Jaime Downing** (mencionado antes) contrató al ingeniero Howay para que regresara a **ATCHEMCO**, compañía química de la Costa Atlántica de Nicaragua. Esa planta era una de solo tres en el mundo en su tipo en esa época.

ATCHEMCO producía **aceite de pino, aguarrás, dipenteno, gensol, longifoleno y resinas pálidas** extraídas de los troncos del pino. Productos de mucha y variada utilidad en la industria manufacturera.

José Luis conocía muy bien esos procesos porque había trabajado antes allí. Yo, por mi parte, había hecho mi **monografía de grado** sobre esa planta, lo que me motivó a seguirlo hasta la Costa Atlántica.

Al año, José Luis debió regresar a Managua por motivos personales y dejar la compañía. Me dijo: *"Te dejo como gerente de planta de ATCHEMCO"*, un cargo altísimo, con excelente sueldo. Pero yo le respondí: —*José Luis, vine aquí por vos y por haber sido mi tutor en la monografía. Si vos te vas, yo me voy con vos.*

Con eso le demostré mi respeto, admiración y amistad. Por eso, más adelante me buscó y me llevó a **Química Borden**.

Fue un excelente maestro y jefe, igual que el doctor Downing. Creo que por esa gesta José Luis nunca dejó de buscarme, ni yo de recordarlo.

Ya en Nicaragua y después en Estados Unidos nos reunimos un par de veces. Hasta que un día su esposa, **Margarita**, me llamó con la triste noticia: **había fallecido José Luis. Q.E.P.D. mi amigo.**

Capítulo 6.3
Ingenios

El **Ingenio Javier Guerra** fue el lugar donde me desarrollé técnicamente de una forma maravillosa, casi increíble.

Después de terminar mi contrato con **Química Borden**, llegué a este ingenio el **20 de noviembre de 1982** como **director industrial**, recomendado por **José Bárcenas**, quien entonces era asistente del comandante **Jaime Wheelock Román**, ministro del MIDINRA. A Bárcenas yo le había dado clases de laboratorio de Química en la UCA.

Allí puse a prueba mis conocimientos, mi habilidad y la experiencia acumulada en los años anteriores, con tan buenos resultados que logré la **mayor producción de azúcar** alcanzada hasta ese momento en el ingenio: **536,000 quintales de azúcar blanca**.

La noticia llegó a oídos del señor **Alberto McGregor**, yerno de don **Gonzalo Benard**, antiguo dueño del ingenio cuando todavía se llamaba *Ingenio Amalia*, antes de la Revolución Sandinista. Años después me encontré a don Alberto en el aeropuerto de Managua, y junto a su esposa me felicitó personalmente por el trabajo realizado en su añorado ingenio.

Mi recorrido en la industria azucarera

Resumiendo mis **36 años de trayectoria en la industria azucarera nacional e internacional**:

- Transformé y diseñé equipos de producción con excelentes resultados.

- Alcanzamos récords de eficiencia en cada zafra en la que participé.

- Transformé **calderas de vapor** y **evaporadores de múltiple efecto**.

- Mejoré y sustituí **clarificadores de jugo**.

- Descubrí **nuevos métodos de fabricación de azúcar**, que permitieron **ahorrar cientos de millones de dólares**.

Y así fue en cada ingenio donde trabajé: en **Nicaragua, Cuba y Honduras**.

Claro, semejantes resultados no estuvieron exentos de dificultades: me gané muchísimos enemigos.

Mi amigo y asesor en el Javier Guerra, el ingeniero **Guillermo Ramírez** (QEPD), solía decirme:

—*Ingeniero, los ingenios son como una gallera: todos los gallos están ennavajados para matar al gallo contrincante.*

¿Tendría razón? Tal vez. A él le decían **Pitusín**, y en su tiempo mejoró el famoso **Ron Flor de Caña**.

May 1984. Sugar mill Javier Guerra signing the Sack Nº 500,000 of the Sugar Season 1983-1984 reaching a record never equalized.

Capítulo 6.4
La UCA

En el **año 1978**, el año en que me gradué, un periodista de *La Prensa* llegó a la UCA. En **enero de ese año** asesinaron al doctor **Pedro Joaquín Chamorro Cardenal**, reconocido periodista y dueño del diario, y me preguntó:

—¿Qué opina acerca del asesinato del doctor Pedro Joaquín Chamorro?

Le contesté:

—**Este asesinato va a ser el detonante para que el pueblo de Nicaragua se vuelque a las calles en contra de Somoza, y el FSLN (Frente Sandinista de Liberación Nacional) se aprovechará de esta situación.**

Y, efectivamente, así sucedió. Yo formé parte de la **toma de la UCA**, que comentaré en **Lo malo**.

¡Ah!, se me olvidaba: jugué **fútbol soccer** con la UCA un par de partidos de **Primera División**, contra **CONARCA** y **América**. (Después te cuento).

En secundaria se notaba que era **más vivo que inteligente**; demasiado juguetón, prácticamente estudiaba por deporte. Hice un curso de verano por sacar mala nota final en **Física** en cuarto año; al terminar y hacer el examen de reparación obtuve excelente calificación. Así debió ser durante el año, pero no: me dedicaba a *pajarear*, como decimos en Nicaragua (algo parecido a lo de la U con **Matemática Cero**; parece que saco lo mejor de mí bajo presión).

En tercer año de universidad me enamoré de quien me enamoró: **Leyda Fonseca**. Ese acontecimiento me quitó la idea de hacerme **sacerdote**. Algunos amigos me dijeron que no me casara con ella; por eso solo hubo **enlace civil**. De no haber sido así, los planes de Dios para mí no serían los de hoy. Más adelante lo explico. En la UCA recibíamos **misa** quienes queríamos; la celebraba el **padre Santiago de Anitua**, quien también nos impartía **Filosofía** en la clase magistral. Al tiempo de esa relación nació **César Ricardo**.

Antes, en quinto año de secundaria, me enamoré de una muchacha muy hermosa, de voz fuerte y sensual: **Odilie Castro**. Mi hermano Javier me *jodía* con eso. No, de esa relación no nació nadie. Muchísimos años después, ya en **Estados Unidos**, me preguntó si había escrito mi libro —parece que alguna vez le dije que lo haría—; le contesté que no, que lo tenía pendiente. Su papá tenía negocios y era dueño de **buses de pasajeros** entre **Masaya** y **Managua**. En mi primer semestre de universidad a veces me iba en ese bus, porque salía muy temprano; el papá dio la orden de que no me cobraran el pasaje. (En ese bus viajaba a la UCA una mujer muy hermosa y elegante que estudiaba **Derecho**; me gustaba mucho, pero un día supe que era casada. *Uy, Dios me ampare: mujer casada, no*). Se acabó la bendición del bus gratis cuando terminé con mi novia, la hija del dueño.

Mi mamá, al verme acongojado, me dijo —resumiendo—:
—**Hijo, recordá que la novia del estudiante no es la esposa del doctor.**

Todavía alcancé a usar el bus hasta el semestre siguiente. (Recuerden que mi tío **Armando** pasaba por mí).

Las **instalaciones y edificios de la UCA** fueron destruidos por el **terremoto de Managua del 23 de diciembre de 1972**. Estudiamos en edificios recién construidos con **estructuras antisísmicas**. En

1974, cuando ingresé, el rector era el padre **Arturo Dibar**, jesuita uruguayo, quien sustituyó al fundador, el padre **León Pallais**, que tuvo problemas con el estudiantado en aquellos tiempos de agitación política. Como vicerrector estaba el padre español **Juan Bautista Arrien**, gran jugador de fútbol de la UCA. Después, el padre Arrien fue mi segundo rector y, cuando me gradué, el rector era el **doctor Indalecio Rodríguez**, primer laico en ocupar el cargo (antes decano de Agropecuaria).

Fueron tiempos de **extrema violencia política** y de la muerte de muchos estudiantes, intelectuales, políticos y profesionales reconocidos a nivel nacional, todos opuestos al régimen somocista. Aun así, **logré graduarme**.

Entre primero y quinto año de secundaria me sucedieron muchísimas cosas… ¡Ah!, pero desde mi kínder hasta sexto de primaria también. **Vamos por partes.**

Capítulo 6.5
Inicios en primaria
— ¿Enamorado?

Durante mis años de primaria, después de clases me iba al campo de juego a jugar pelota, béisbol. No sé si era buen bateador, pero sí recuerdo que era buen *catcher*, siempre en posición detrás del *home*.

En este período hice amistad con **José "Chepito" Echegoyen** y **Alejandro Moncada**, hijo del director de la Cruz Roja Nicaragüense. Siempre tuve muy buenos amigos en mi infancia, pero ninguno como mi verdadero hermano del alma hasta el día de hoy: el doctor **Gerardo Sánchez Vega**. Gran médico, inteligentísimo, fue el mejor alumno de Masaya y posteriormente de Nicaragua. Buen hijo y nieto (nieto de don **Adán Sánchez Cerda**, fundador de la Cruz Roja de Masaya, e hijo de **Carlos Adán Sánchez**, conocido maestro y exjugador de béisbol del equipo San Fernando). No puedo dejar de mencionar a la abuela de Gerardo, doña **María Jesús Bermúdez de Sánchez**, propietaria de la tienda *La Giralda*.

Gerardo es buen esposo y padre; sus hijos, todos profesionales. De niños, por las noches salíamos en su bicicleta a recorrer Masaya, visitábamos muchachas y las enamorábamos para ver quién atinaba. Gerardo se enamoró de una muy bonita, la hoy doctora en Farmacia **Janett Ortega**. ¡Con el tiempo se casó con ella!

¿Novias yo? ¡Uh! Muchas, todas muy bonitas… pero eso mejor te lo cuento después.

Una amistad para toda la vida

Mi eterna amistad con Gerardo comenzó de la siguiente manera: estábamos en segundo grado de primaria en la **Escuela Conchita Alegría**, a una cuadra de su casa y tres de la mía. Un día no llevé cuaderno ni lápiz (ya empezaba mi irresponsabilidad). La maestra nos dictó unas líneas y yo, sin saber qué hacer, me angustié. Gerardo, al verme, sacó rápidamente una libreta de papel y un lápiz y, sonriendo, me dijo:
—**Tomá, usá esto para anotar.**

El pupitre era de los antiguos, para dos niños, con un espacio debajo para guardar cuadernos. Nos sentábamos juntos. Desde ese día nos convertimos en amigos inseparables.

Soy padrino de su hija mayor, la doctora **Karla Sánchez Ortega**. Cuando, casi veinte años después de haber salido de Nicaragua, Gerardo, Janett, Karla (ya casada y con hijas) vinieron a visitarme a Estados Unidos, le conté a Karla cómo conocí a su papá. Ella dijo:
—**Qué bonita esa gran amistad que tienen.**

Y así es. Hasta hoy, cada 19 de mayo, felicito a mi ahijada en su cumpleaños.

Javiera, ¿fue mi primer amor?

En la Conchita Alegría cursé segundo y tercer grado. Frente a la escuela vivía una niña muy bonita, alegre y popular, llamada **Javiera Valle**, que me gustaba mucho. Ella lo sabía.

Una mañana, mientras esperaba la apertura de la escuela junto a Gerardo, Javiera se me acercó y comenzó el siguiente diálogo:
—**Julito, ¿vos me querés?**

—**Yo no sé vos...** —le respondí.

—**Yo te quiero.**

—**Ah, pues yo también.**

Nunca supe si realmente fuimos novios. Su hermano Chema se hizo muy amigo mío; me gustaba verlo manejar su moto. Lamentablemente Javiera falleció en un accidente de tránsito en 1976, a los 20 años. Hubo duelo en todo Masaya, pues el choque fue con otro joven de la ciudad, **Jorge Bolaños**, hijo del expresidente de Nicaragua **ingeniero Enrique Bolaños**.

Otros amigos de infancia

Desde muy joven me hice amigo de **Tito Lagos**, hoy gran periodista y emprendedor que vive en Los Ángeles, California. Le debo una visita. También conservo la amistad con **Jorge Correa Montiel**, doctor en Derecho.

En la escuela Conchita Alegría también cabe contar que a veces me escondía para no ir a clases… pero eso lo contaré en la Parte II, *Lo malo*.

En sexto grado, mi maestra **Argentina Ríos** —muy hermosa, por cierto (se casó con **Máximo Montenegro Escorcia**, hermano de una novia mía: Maritza Rodríguez Escorcia)— me seleccionó junto con mi amigo **Rodolfo Miranda Escobar (Pepe)** para competir por el premio al mejor alumno de primaria. Gerardo estudiaba en otra escuela y no entró en la contienda. Yo no logré los primeros lugares, porque era juguetón. Gerardo, en cambio, ganó, y fue reconocido como **el mejor alumno de primaria de todo Nicaragua**. Bien merecido.

Capítulo 6.6
Inicios en Secundaria

Mi primer año de secundaria lo hice en el prestigioso **Colegio Salesiano de Masaya**. En ese colegio hice muchos amigos. Cuando mi tío Eduardo llegaba a Masaya a visitar a mi mamá, ambos nos recogían a la salida del Salesiano.

Ese año estudió conmigo quien llegaría a ser otro gran amigo y testigo de mi boda civil con Patricia: el doctor **Óscar Cuadra Ocón** (QEPD). En 1986, mientras yo estaba en Cuba asesorando sobre la producción de azúcar sulfitada, al regresar me dieron la triste noticia de su fallecimiento. Inmediatamente le hice un poema y se lo entregué a Celia, su viuda.

Por cierto, Óscar me *jodía* mucho en el Salesiano… yo también molestaba. Entre mis travesuras recuerdo que solía molestar al que luego se convirtió en poeta y escritor, **Julio Valle-Castillo**. Un día me la desquité: al pasar frente a la ventana de mi aula (yo me sentaba cerca), me dio un jalón de pelo en la cabeza que me dolió toda una semana.

Óscar, sentado detrás de mí, acostumbraba hincarme con un lápiz en la espalda o en las nalgas. Quién iba a creer que más tarde nos haríamos grandes amigos, junto con Gerardo y con otro no menos importante: **Filiberto "Filín" Vega** (QEPD), pariente de Gerardo. Ese año también compartí aulas con **Alejandro Velázquez** (QEPD), otro gran amigo de juventud. Mi esposa y yo lo atendimos en sus últimos días de enfermedad en la Florida, ya en Estados Unidos. En esos días también colaboró nuestro amigo **José Rodolfo Miranda, Pepe**, quien vino desde Texas.

Jugábamos fútbol y béisbol en el patio de la casa de Gerardo, un patio enorme. Cuando la bola se iba al patio del doctor **Cornelio Hueck**, pedíamos permiso para recuperarla. El patio de Gerardo también colindaba por detrás con la casa-escuela de don **Manuel Maldonado**, de quien hablaré más adelante. Su abuelo, don Adán, tenía una crianza de conejos; más de uno salía lastimado con nuestras jugarretas.

Óscar Cuadra fue dueño del equipo de fútbol **Las Águilas del Ixtac**, nombre sugerido por Filín, quien fue novio de Guadalupe, hermana de Maritza. Teníamos 14 años y fue en ese tiempo cuando dejamos atrás el béisbol para iniciarnos como futbolistas. Fuimos el mejor equipo de fútbol de Nicaragua en las ligas Infantil-Mayor durante dos años consecutivos.

Del Salesiano al INMA

Pasé al **Instituto Nacional de Masaya (INMA)** en mi segundo año de secundaria y allí me gradué en 1973. Mi mamá decidió cambiarnos de colegio porque Javier, mi hermano, no aprobó su primer año en el Salesiano. Nos dijo:
—**No puedo estar pagando colegiatura en un colegio privado si no aprovechan esa oportunidad.**

Y así fue. El INMA no era una mala secundaria: era una de las mejores escuelas públicas del país, dirigida por el doctor **Carlos Vega Bolaños**, una persona altamente respetada a nivel nacional, con un plantel de maestros de alto nivel. Entre ellos:

- **Dr. Enrique Peña Hernández**, autor de los libros *Castellano y Literatura*, abogado, escritor, miembro de la Real Academia Española y luego catedrático de Derecho en la UCA.

- **Teacher William** y el doctor **Antonio Espinoza**, grandes maestros.

- **Ing. Roberto Bermúdez**, quien fuera secretario de Rubén Darío.
- **Lic. Manuel Rocha Marenco**, a quien dedicamos nuestra graduación de bachilleres.
- **Lic. Violeta Barreto**, quien nos impartía Literatura en quinto año.

Con la licenciada Barreto viví una anécdota: un día, en plena clase, me hizo una pregunta. Yo me quedé pensando y le dije:
—**Ideay, espéreme, que estoy pensando.**

Ella me respondió:

—**Julio, a mí no me diga ideay.**

Y yo insistí:

—**Ideay, pero qué quiere que le diga.**

¡Se terminó la clase! Años después, ya en la universidad, ella fue mi profesora en una clase magistral de Castellano. Al reencontrarnos, recordamos aquella escena entre risas.

Contexto de la época

Nos graduamos de bachilleres en 1973, un año después del gran **terremoto que destruyó Managua**. A los refugiados que llegaron a Masaya los llamábamos cariñosamente "**los terremoteados**".

1972 fue también el año de la **Serie Mundial de Béisbol Amateur**, jugada en Nicaragua entre el 15 de noviembre y el 5 de diciembre. Coincidió, como ya dije, con el terremoto del 23 de diciembre. En esa Serie Mundial participaron grandes figuras internacionales, entre ellos **Roberto Clemente**, jardinero central de los Piratas de Pittsburgh, quien había bateado su hit número 3000 esa temporada. Vino como mánager del equipo de Puerto Rico. Poco después murió en un accidente aéreo cuando llevaba víveres a Nicaragua. En su honor, el estadio de béisbol de Masaya lleva su nombre y la selección nicaragüense usó el número 21 en sus uniformes, el mismo que Clemente llevaba en los Piratas.

¿Recuerdan que les conté de la hija del dueño de buses de pasajeros que me llevaba gratis a Managua? Sus padres también tenían la joyería **Elizabeth**, muy prestigiosa. Esa joyería ganó la licitación para grabar los nombres en las placas doradas de los trofeos de la Serie Mundial. Me preguntaron si quería ganar un dinerito ayudándolos. Aprendí a manejar una maquinita parecida a una máquina de escribir, con punta de granito, para grabar las letras. Eran muchos trofeos, y sí, me gané un buen dinero extra. ¡Qué bien!

Muchos de los "terremoteados" estudiaron y se bachilleraron en el INMA. Uno de ellos fue mi compañero en la universidad, el ingeniero **Pánfilo Rafael Córdoba Úbeda**, quien llegó a tener uno de los promedios académicos más altos en la historia de la UCA.

PROGRAMA

1. Entrada de Bachilleres
2. Himno Nacional
3. Palabras de Bienvenida por el Sr. Rafael Caldera, según acuerdo de la Promoción
4. Entrega de Diplomas al Bachiller este año la Dra. Margarita Debayle
5. Agradecimiento Prof. Manuel Rocha M.
6. Descanso Musical
7. Distinciones Especiales
   - Club Social
   - Distinción Manuel de Alarcón
   - Distinciones en General
8. Palabras Alumnos más Notables
9. Entrega de Distinciones y Diplomas

BODAS DE PLATA

XXV
PROMOCION

El Personal Docente, la Dirección del Centro
y la Vigésima Quinta
"PROMOCION DE BACHILLERES"
Prof. Manuel Rocha Marenco

Invita a Ud. para el acto de Graduación, el
1o. de Diciembre a las 5 p. m., en el Salón de
actos del Inst. Nal. de Masaya

y para el "TEDEUM" en acción de gracia en la Parroquia de
nuestra Señora de la Asunción, a las 4 p. m. del mismo día.

Diciembre, de 1973.   Masaya, Nic.

BACHILLERES

- Abaurza Noguera Roger Antonio
- Abaurza Sánchez Yamil
- Abea Vargas Bertha Julia
- Acevedo Sánchez Miriam
- Alvarado Alvarado Niruska Angélica
- Alvarado Benavente Vicente Rafael
- Alvarez Pérez Noel
- Arboleda Suazo Lydia del Socorro
- Argüen Caldera José Antonio
- Araúz Molina Teresa del Carmen
- Arias Flores Julio
- Artica Flores Silvio Antonio
- Astro Carrión Porfirio
- Baltodano Rocha Manuel de los Angeles
- Ballesteros Talena José Ismael
- Burgos Juan Gelsun María
- Bustos Alegría María José
- Bustos Borge Nubia del Socorro
- Brenes Saza Bertha del Socorro
- Cabrera Obeja María Mauricio
- Cáceres Baza Rigoberto José
- Caldera Dávila José Benjamín
- Caldera Puentes Jaime
- Cockert Kadler Roumal

- Chivo Moya Manuel Ernesto
- Cárdenas Alvarado Miguel Ramiro
- Castillo Caldera Iván Antonio
- Castillo Caldera Pablo
- Castillo Caldera Marvin
- Castillo Caldera Ramón Mauricio
- Castillo González Ana Cecilia
- Centeno Gómez Sonia Auxiliadora
- Cerrato Vásquez Mariela del Carmen
- Collado González Darlyn
- Córdoba Ubeda Adolfo Antonio
- Córdoba Ubeda Porfilo Rafael
- Cortez Mayorga Ramón Enrique
- Cruz Espinoza María Nela
- Cruz Marqueti Olga Dolores
- Cruz Luna Emma Diera
- Cruz Luna Manuel Antonio
- Dávila Altamirano Alberto
- Dávila José Bernes Alberto
- Díaz González Jorge Luis
- Díaz González Raúl de Jesús
- Duarte López Enrique
- Duarte Membreño Miguel Angel
- Espinoza Brenes Irlanda

- Espinoza Sánchez Irenia
- Fernández Rocha Eduardo Alfonso
- Flores Luna Raúl
- Fonseca Bermúdez Fátima Ileana
- Gaitán Herrera Miriam Dalila
- Gómez Morales Mariana
- Gómez Morales María Dolores
- González Meléndez Luis de la Concepción
- González Mora Roberto Enrique
- González Pérez Félix Segundo
- González Pitters Xiomara
- González Ruiz Francis de la Cruz
- González Solórzano Manuel de Jesús
- Guadamuz Duarte Francisca Antonia
- Guerrero Potosme Manuel Antonio
- Guerrero Potosme María Auxiliadora
- Gutiérrez Maldonado Rubén del Carmen
- Guzmán Brenes Julio
- Jiménez Ramírez María Veronica
- José Flores Carlos Iván
- Lacayo Sánchez Henry Hugo
- Leiva Gómez Vilma del Socorro
- Lovo Pérez José Orlando
- López García Judith Lorio
- Maireno Silva Oralia Rosyra

BACHILLERES

- Martínez Putoy Dora
- Medina Flores Martín Rafael
- Mejía Cuadra Pedro José
- Mercado Tapia Velia María
- Mercado Argüier Mayra del Socorro
- Miranda Chavarría José Eligio
- Miranda Díaz Antezco Edgar
- Miranda Morales José Rodolfo
- Miranda Morales Ruth del Carmen
- Mondada Paladino Javier
- Mondada Paladino Julio Cesar
- Monterrey Potoy Aura Rosa
- Monterrey Potoy Rosa Alejandra
- Morales de Núñez Elena
- Morán Orozco Mercedes Isabel
- Murillo Pietra Leonel Antonio
- Murillo Pérez Marvin José
- Navarro Manponares Luis Manuel
- Navarro Martínez Fernando José
- Noguera Espinoza Martín José
- Noguera Flores Aníbal José
- Nepturá Flores Donald Antonio
- Núñez Hernández Walter
- Namendy Caldera Rosa Angélica
- Oppenheimer Montenegro María Lorena

- Ordeñana Calero Mayra del Socorro
- Ortega Castillo Claudia Ofelia
- Ortega Escobar Manuel Alberto
- Ortega Valdez Lucy Jeannette
- Padilla Meléndez Mercedes del Socorro
- Paniagua Gaitán Margarita Auxiliadora
- Paniagua Sánchez Rudy Antonio
- Pastora Guerrero Martha Lidia
- Prado Paraino Roberto José
- Pérez Flores Nail Antonio
- Pérez Marín Luis Manuel
- Pérez Silva Rita Lorena
- Ramírez España Silvio René
- Ramírez Obregón Mario Javier
- Rivera Marín Sidar Enrique
- Rocha Maireno Horacio Oscar
- Rocha Maireno Gonzalo Enrique
- Rodríguez Alvarez Gloria del Carmen
- Ruiz Cruz Leslia Veronica
- Solpado Hernández Mercedes del Carmen
- Sánchez Alvarez Susana de los Angeles

- Sánchez Calvo Odel Enrique
- Sánchez Díaz Silvio José
- Sánchez Rojas Lesbia María
- Sandoval Molina Rosa Argentina
- Sandoval Torralba Arly Agripino
- Silos Ortega María Isabel
- Sevilla Sevilla María Nelly
- Somarriba Leyton Alan
- Soza Blanco Francisco José
- Tapia Roa Vases
- Talena Reyes Guillermo
- Téllez Alvarez Adriana del Carmen
- Téllez Gudiño Gladys Damaris
- Téllez Martínez Roger Alfonso
- Téllez Mora Roberto José
- Trejos Gómez Lesbia del Socorro
- Trejos Maldonado Ervell Jeancano
- Trejos Maldonado Melba
- Trejos Vega Edgard Enrique
- Vanegas Chávez Miguel Angel
- Vanegas Chávez Edgard José
- Vargas Solís Eduardo
- Vega Gutiérrez María del Socorro
- Vega Jiménez Carlos José
- Velásquez Palacios Roberto Zacarías
- Vidaurre Pérez Rosa María
- Villarreal Pérez Roger Sebastián

Capítulo 6.7
Universidad

En la **UCA** hice gran amistad con muchos compañeros. Una vez, uno de ellos, **Ángel Ortega**, que era español, me presentó a una muchacha muy bonita y hermosa llamada **Rosa Pasos**. Cuando ella me dijo su nombre, le respondí:
—**Vos sos Rosa y todo lo demás es chote.**

("Chote" es la rosa que no ha reventado, que aún no ha abierto).

De Ángel no volví a saber nada; supe que salió del país por la convulsión política que vivía Nicaragua. En cuanto a Rosa, con el tiempo se hizo miembro del **FSLN** y, ya durante la guerra contra Somoza —después del asesinato del doctor Pedro Joaquín Chamorro—, me la encontré en Masaya. La saludé, pero creo que no me recordó. Tal vez alguien le había dicho piropos mejores que el mío… Ahí "murió la lora": hasta ahí llegó la nunca-amistad que tuve con ella. Más adelante supe que ocupó un cargo importante en el gobierno sandinista.

Vida universitaria

Cuando estaba en cuarto año de Ingeniería trabajé en la Universidad como **asistente de los laboratorios de Química y Análisis Instrumental**, además de corrector de reportes. (Fue entonces cuando conocí al estudiante **Bárcenas**, a quien ya mencioné).

En ese tiempo compré mi primer carro: un **Fiat 127 de dos puertas**. ¡Si hablara ese carrito, cuánto contaría! Un compañero, **Miguel Barrios**, tenía un **Seat** parecido, pero de cuatro puertas. Después de graduarnos, lo encontré como administrador del **Ingenio San Antonio**, en representación del FSLN, ingenio perteneciente a la familia Pellas.

En la UCA conocí a varios compañeros y amigos: **Javier Will Baca, Alberto Lacayo, Javier Vallecillo, Lorna, Camacho**, y otros a quienes incluso llegué a impartir clases: **Barney Chamorro, Milton Gómez, Orlando Gómez** (dos de ellos, sin parentesco entre sí), **Camacho, Ocón**, y más cuyos nombres escapan a mi memoria.

Ajedrez y respeto académico

Una tarde encontré a algunos compañeros jugando ajedrez: recuerdo a **Antonio Barrios** (excelente alumno y el único del grupo que terminó siendo sacerdote), **Carlos Velázquez** (otro gran estudiante), **Salomón Calvo** (el campeón de la UCA), uno de apellido Fonseca y otro llamado Franco.

Me acerqué y pregunté:

—**¿Están jugando ajedrez?**

—**Sí. ¿Querés jugar?** —me contestaron.

—**Bueno, está bien. Pero tengo tiempo de no jugar** —respondí.

—**No importa** —dijo Carlos—, cuando termine este juego, que lo gana Salomón, jugás contra él.

Así fue. Me senté frente a Salomón, el campeón de la universidad. Después de una partida intensa, de aproximadamente hora y media... ¡le hice jaque mate! Desde ese momento me gané el respeto de los mejores alumnos de Ingeniería. ¿Qué tal?

También hice muy buenas amigas en la universidad: **Verónica Wheelock Horviller**, una de apellido **Noguera**, otra **Ramírez**, y muchas más.

Ajedrez en casa

Mucho antes de eso, los Moncada-Paladino y nuestros amigos organizábamos concursos de ajedrez en mi casa. Este deporte-ciencia nos apasionaba. Entre los amigos estaban: **Jimmy Moreno, David Calvo** (hermano de Salomón), mi cuñado **Carlos Jarquín**, los misioneros mormones y, en una ocasión, llegó **Henry Lacayo**, campeón de Masaya. Contra él logré aguantar ¡40 minutos de juego! Para mí, una hazaña.

Mi hermano **Javier**, por su parte, fue campeón del INMA en una categoría de principiantes.

Capítulo 6.8
Aventuras

En las lindas aventuras de mi juventud está, primero, el haber sido **Boy Scout**, una organización mundial fundada en Inglaterra por el señor Baden Powell. Durante esa época viajé por todos los campamentos *scout* de Nicaragua; solo me faltó asistir a un **Jamboree**, que es la reunión mundial de los scouts en un país previamente escogido. Los lemas "**Siempre listo**" y "**Un scout, siempre scout**" quedaron grabados en mi memoria para siempre.

En este tiempo, **Hernaldo Zúñiga** y yo competimos en béisbol para escoger al *pitcher* de un equipo del barrio. Gané yo, pero le pedí al *coach* que también escogiera a Hernaldo, y gracias a Dios así lo hizo: quedamos juntos en el equipo. Aunque, para ser franco, no recuerdo si ese equipo llegó a jugar alguna vez… (jajaja).

Volcanes y odiseas

Con amigos y mi hermano Javier fuimos tres veces al **volcán Masaya**. Primero subíamos por las laderas de piedras quemadas hasta el cráter del volcán **Santiago**, con su fumarola permanente. Luego ascendíamos al cráter del volcán **Masaya**, más alto, casi pegado al otro como si fueran siameses. Era peligrosísimo: un resbalón podía significar rodar ladera abajo y caer dentro del cráter del Santiago.

En el fondo del cráter del Masaya había vegetación; llegamos a ver venados dentro. Le dábamos media vuelta al cráter, orientándonos hacia la **Laguna de Masaya**, y desde allí bajábamos por la ladera, abriendo trochas en la espesa vegetación. El descenso era casi a media luz, pues los altísimos árboles bloqueaban el sol. Esa selva estaba llena de vida: serpientes de todo tipo, cerdos de monte, monos y venados. Gracias a Dios no vimos panteras o tigrillos, aunque seguramente ellos sí nos vieron a nosotros.

Bajábamos al trote, con cuidado, pues el agua que goteaba de las hojas y ramas hacía resbaladizo el suelo. Al llegar a la planicie, pasábamos por una zona árida cubierta de piedra volcánica solidificada, hasta alcanzar la punta izquierda de la laguna, hacia Nindirí. Allí nos lanzábamos al agua para refrescarnos tras la agotadora caminata.

El regreso era lo más difícil: subir un acantilado de unos 200 metros de altura conocido como **"Las Escaleras de Nindirí"**. Allí había tramos con troncos gruesos a modo de escalones y otros con huecos en la roca, raíces y ramas que servían de pasamanos. Era un verdadero deporte extremo. Estas escaleras eran usadas por las mujeres de Nindirí para bajar con canastos de ropa en la cabeza, lavarlas en la laguna y luego subirlas. ¡Verdaderas acróbatas! Cuando nos cruzábamos con ellas, debíamos hacernos a un lado, en espacios reducidos, cuidando de no caer al vacío.

Toda la aventura duraba unas seis horas: bus hasta Piedra Quemada (unos 8 km desde Masaya), dos horas a pie hasta el cráter Santiago, otra hora hasta el cráter Masaya, dos horas de descenso, una hora por la planicie, chapuzón en la laguna y, finalmente, la subida de una hora por las escaleras. Una odisea. Gracias a Dios, en las tres ocasiones no tuvimos ningún accidente.

El Coyotepe y Hernaldo

También hacíamos excursiones al **Cerro Fortaleza El Coyotepe**, frente a Masaya sobre la Carretera Panamericana. Este lugar, de gran historia nacional, fue donado por el presidente **Luis Somoza Debayle** al movimiento scout nicaragüense, que lo convirtió en museo de armas. Antes había sido cuartel militar y escenario de la batalla del general **Benjamín Zeledón**.

Una vez, subiendo con los hermanos Zúñiga, Rigo Cabezas y los hermanos Calvo Arrieta, uno de los muchachos resbaló y casi cae al precipicio. Milagrosamente, **Hernaldo Zúñiga** lo sujetó por el cuello de la camisa y evitó la tragedia. Años después, Hernaldo se fue a Chile, se convirtió en gran cantante y compositor, y ganó gaviotas en el **Festival de Viña del Mar**.

En nuestra juventud también salíamos a dar serenatas a nuestros padres en el Día del Padre nicaragüense. Yo no cantaba ni tocaba ningún instrumento, solo acompañaba. Eso todavía lo tengo pendiente. Años más tarde, hacia 1987, me encontré con Hernaldo en el Hotel Intercontinental de Managua. Le pedí un autógrafo y unas líneas para mi cuñada **Nelly Amalia** (hermana de Patricia), y él accedió con toda gentileza.

Vacaciones y amores de verano

Pasé varias **vacaciones de Semana Santa** en **San Juan del Sur**, hermoso lugar y playa formidable. También en **San Jorge, Rivas**, en el lago Cocibolca, frente a la isla de **Ometepe** con sus imponentes volcanes Concepción y Maderas. Allí me enamoré de una muchacha —creo que se llamaba Marta—, y luego supe, por el grupo musical *Los Signos del Zodiaco*, que ella había preguntado por mí en una fiesta en Rivas.

La **Laguna de Apoyo**, de agua salobre, fue otro de mis sitios favoritos. Nos hospedábamos en la casa veraniega de mi amigo **Alberto Robleto**, acampando en tiendas de campaña. Recuerdo que el 22 de diciembre, mientras paseábamos en su **Jeep Land Rover**, escuchábamos la canción *Feliz Navidad* de **José Feliciano**.

No imaginábamos que al amanecer del 23 sufriríamos el **gran terremoto de Managua**.

En la laguna éramos muchos: mi hermano Javier, Jorge Correa (gran amigo con quien paseábamos por Masaya en el carro de su papá), los hermanos Brenes —Antonio y Alberto, "los Calines"—, Iván Castillo y otros más. En las noches de Jueves Santo se celebraban fiestas en el famoso **Bar de Pelayo**, donde se elegía a la reina del balneario, que luego competía en el **Hotel Balmoral de San Juan del Sur**.

En la Laguna de Apoyo me enamoré platónicamente de **Patricia Huembes**, sobrina de Lila Huembes (madrina de mi hermana Elizabeth). Nunca le confesé nada. En una fiesta la invité a bailar, pero al mismo tiempo lo hizo otro joven. Forcejeamos con su mano hasta que decidí retirarme, pues el muchacho se ponía nervioso. Más tarde me la encontré en la UCA estudiando Derecho junto a mi cuñada Tere Velázquez Brenes. Durante la guerra, o quizá antes, se casó y salió de Nicaragua.

Recuerdos de infancia

De niño, mis padres nos llevaban a las playas de **Montelimar, Masachapa y Pochomil**, en las costas del departamento de Managua. También viajamos al **Gran Lago de Nicaragua (Cocibolca)**, que ya he mencionado.

Capítulo 6.9
Mi Nacimiento

¡Ahora sí! Nací el **9 de noviembre de 1955**, bajo el signo de **Escorpión**: intenso, magnético, leal y apasionado.

Ese año, mientras yo llegaba al mundo en Masaya, el planeta giraba con fuerza hacia nuevos tiempos. El mundo se agitaba entre guerras, inventos y sueños colectivos. Y en medio de esos cambios históricos, aparecía yo, un pequeño ser que sin saberlo sería testigo de muchas de esas transformaciones.

En la década de mi nacimiento ocurrieron hechos que marcaron la historia:

- **Derrocamiento de Juan Domingo Perón en Argentina**, símbolo del vaivén político en América Latina.

- **Creación del Pacto de Varsovia**, respuesta directa a la OTAN en plena Guerra Fría.

- **Arresto de Rosa Parks** en Estados Unidos, cuyo simple acto de valentía impulsó el movimiento por los derechos civiles.

- **Estreno de Disneyland** en California y del *Club de Mickey Mouse*, que despertaron la imaginación de millones de niños.

- **Avance en la medicina:** la vacuna contra la poliomielitis empezó a salvar vidas y dar esperanza a las familias.

- **El desastre de Le Mans (1955):** una tragedia automovilística que enlutó al mundo con 83 fallecidos y más de 100 heridos.

- **Walt Disney estrenó "La Dama y el Vagabundo"**, película que se convertiría en un clásico de la animación.

- **La tecnología irrumpía en los hogares:** apareció el primer horno microondas doméstico de Tappan y el primer control remoto inalámbrico para televisión, el *Zenith Flash-Matic*, creado por Eugene Polley.

- **El primer restaurante McDonald's** abrió sus puertas en Des Plaines, Illinois, sin imaginar la dimensión que alcanzaría su imperio.

Así, entre convulsiones políticas, avances tecnológicos, risas de niños en parques temáticos y los primeros pasos hacia un nuevo estilo de vida moderno, yo iniciaba el mío. El mundo se preparaba para grandes cambios... y yo, desde mi pequeña Masaya, también.

Capítulo 6.10
Enamorado

Desde muy temprana edad he sido un enamorado empedernido. En mi primera escuela, el kínder llamado *Los Párvulos* —ubicado en la casa del poeta y escritor Manuel "Melico" Maldonado y su hermana Aurora— tuve mi primer "amor": mi maestra, **Sonia Guillén**. Era joven, linda, una dama preciosa. Yo, un niño, ya me sentía conquistado por ella. Supe después que se casó con un médico.

En segundo grado de primaria me enamoré de **Javiera**, a quien ya mencioné anteriormente. En tercer grado, de una niña cuyo nombre olvidé, pero que recuerdo con vestidos floreados y una carita agraciada.

En cuarto grado estudié en una escuela del Barrio San Juan, sobre la calle del Hospital San Antonio de Masaya. Allí hice amistad con Ronald Guillén y su hermano Horacio —el famoso "Lacho"—, Eligio Miranda, con quienes jugábamos fútbol, además de los hermanos Humberto y Leopoldo Díaz, y también con **Julio Flores** y su hermana **Jilma**, de quien estuve a punto de ser novio. Lo curioso es que en el barrio había tres muchachos llamados Julio Flores, sin parentesco alguno. En ese tiempo yo siempre salía a recorrer las calles de Masaya en la bicicleta de Gerardo.

En quinto y sexto grado, para no aburrir al lector (aunque quizás cueste creerlo), también estuve enamorado. Esta vez de dos niñas: **Rosibel Maltéz**, hija del profesor Julio Maltéz y hermana de Celina, amiga de mi hermano Miguel; y **Jazmín Valle**, hija de un empresario del transporte Masaya-Managua (ya parece que perseguía yo este tipo de negocios, como mencioné en mi etapa universitaria). Jazmín era hermana del "Chele" Valle, con quien estudié quinto grado. Él se convirtió en buen beisbolista, al igual que **Francisco "Chico" Pavón Pineda**, mi compañero en cuarto año de secundaria, ambos jugadores de la Selección Nacional de Béisbol.

En esas épocas, Gerardo y yo solíamos visitar a las muchachas. A veces solo era pasar frente a sus casas y, si estaban en la puerta, sonreírles y saludarlas. Con el tiempo, claro, se hicieron novias de otros. Pero para entonces yo ya estaba en otros rumbos. Nunca me quedaba mucho tiempo en un solo "enredo".

Al llegar a secundaria (1969–1973) aparecieron las famosas **fiestas de quince años**, a las que no podía faltar. Las muchachas estaban "7 a 1", como el cambio del córdoba frente al dólar: sobraban. Y con las "terremoteadas" de Managua, aún más. ¿Será por ese espíritu enamoradizo y fiestero que perdí segundo año en el INMA? Eso se los contaré en *Lo Malo*.

En ese tiempo también inicié formalmente en el fútbol. Fui buen portero, sólido defensa e incluso logré marcar dos goles como delantero contra el equipo *Patria* de Granada. Nuestro equipo era *Las Águilas del Ixtac*, integrado por Oscar Cuadra, Filiberto Vega, Gerardo Sánchez, Andrés Sánchez, Julio Moncada, Antonio y Javier Rodríguez Escorcia, Jesús González ("Chico Lepra"), Segundo Flores, Moya y otros.

Fue allí cuando surgió mi apodo más famoso: **"CocaCola"**. Me lo puso Omar Blandón, comparando mi cuerpo con la botella: cabeza pequeña, tronco ancho y piernas flacas. Desde entonces, en todo Masaya ya no era Julio, sino *CocaCola*. El apodo llegó tan lejos que hasta en la Dirección de Azúcar me conocían así.

Los años de cuarto y quinto de secundaria fueron maravillosos. En cuarto me gustó una muchacha llamada **Irlanda Espinosa**, que tenía "ese algo" que la hacía especial. Mi amigo Miguel Duarte la molestaba mucho, hasta que una vez lo amarramos a una de las columnas del INMA y los maestros tuvieron que ordenarnos soltarlo.

Ese año también lloramos con el retiro del doctor **Carlos Vega Bolaños**, insigne educador masayés. Fue entonces que supe que el INMA llevaba el nombre de **Manuel Coronel Matus**, ilustre hijo de Masaya.

En esos años hicimos viajes escolares a lugares como el Salto de Estanzuela (Estelí), Jinotega, Matagalpa, Chinandega, e incluso Costa Rica y Panamá, gracias al bus nuevo que el doctor Vega Bolaños gestionó para el colegio. También comenzaban a florecer los grupos carismáticos católicos. Muchos decían: "Ese es de los carismáticos", mientras viajábamos a Managua en buses de la empresa Fénix, cantando: *"Alabaré, alabaré, alabaré a mi Señor"*.

En quinto año organizamos una competencia interna de béisbol entre todos los grados. Uno de los momentos más recordados fue cuando un pequeño corredor chocó con el fornido catcher Miguel Cárdenas y lo tumbó al suelo, anotando la carrera del gane. Las caricaturas ("memes" de la época) inmortalizaron el momento: un pollito derribando a un gran gallo.

También celebrábamos la elección de la **Reina y el Rey Feo del INMA**. En mi quinto año, nuestra clase eligió como reina a **Xiomara González** ("Xiomara I") y como rey a **Silvio España Ramírez** ("Silvino I"). Ganamos, y la fiesta de entronización fue histórica: desfiles, carrozas, carnaval en las calles de Masaya, y un baile inolvidable en los salones del INMA, amenizado por *Los Hermanos Cortez* y *Los Ramblers*.

¡Fue una época gloriosa, que todavía guardo en mi memoria con cariño!

Reflexion

Al mirar hacia atrás y recordar todos esos amores tempranos, las fiestas de quince años, las serenatas, los juegos de fútbol y las bromas de secundaria, me doy cuenta de que todo aquello no fue solo juventud desbordada ni simple enamoramiento pasajero. Cada sonrisa, cada ilusión y cada decepción me enseñaron a valorar la belleza de la vida, la amistad sincera y la importancia de sentir con intensidad.

Ser "enamorado" no fue un defecto, sino un don que Dios me dio para aprender a ver lo bueno en cada persona, para vivir con alegría y con pasión. Ese corazón inquieto y juguetón que se emocionaba por una mirada o una palabra, es el mismo que más adelante supo reconocer y guardar para siempre al verdadero amor de mi vida: Patricia.

Hoy entiendo que aquellas primeras pasiones fueron como ensayos, capítulos de preparación para el gran libro de mi vida. Y si de algo estoy convencido, es que haber sido tan enamorado en mi juventud me hizo también un hombre sensible, agradecido y capaz de entregarse sin reservas a su familia.

Capítulo 6.11
Deportista

En quinto año ya comenté sobre mis novias, pero lo que no había contado con detalle es cómo empecé a destacar como **jugador de fútbol** en la categoría infantil mayor. En esa etapa fui un muy buen portero, pues no era fácil que me metieran un gol. Sin embargo, en un partido entre **el Ixtac** y **el Salesiano**, jugado en la cancha del Colegio Salesiano, Armando Ramírez —delantero de ese colegio, nacido en Guatemala pero descendiente de nicas y nieto de Don Miguel Ramírez— me hizo ¡dos goles! Me sentí tan mal que decidí no seguir en la portería. Salí llorando de rabia conmigo mismo y, desde entonces, preferí jugar como defensa lateral derecho. Fue la primera vez que perdimos un partido… ¡y para colmo era amistoso!

En los torneos de liga, jugados en el campo del Barrio La Reforma, en terrenos prestados por Don Andrés Vega, nuestro equipo fue **campeón en dos temporadas**. Allí competían equipos de distintos barrios: La Reforma, San Juan, El Calvario, El Oratorio (anexo del Colegio Salesiano, dirigido por el Padre Marcolla) y, por supuesto, el Ixtac.

Con los años pasamos a la **Liga Juvenil**, que más tarde se abrió a todas las edades. En esa liga jugamos en el campo del Colegio Salesiano. Los equipos eran: San Juan, El Calvario, El Oratorio, el equipo de Omar Blandón y Julio Flores, y nuestro eterno rival, **el Rocha**, patrocinado por el Gral. Rocha y sus hijas, entre ellas la popular Amada Rocha (quien después se casó con mi amigo Edgard Velázquez). En ese equipo jugaron grandes como Rómulo Acevedo, Iván Castillo, el Chele Lara —a quien me encontré años después en California—, Hugo "Bazuca" Huete (lo vi en Miami en 2007) y Manuel "Catarrito" Cuadra, exjugadores de la UCA.

Después formé parte de **el Porta**, equipo patrocinado por mi amigo Eduardo Porta Córdoba, compañero de la UCA y también ingeniero (él industrial, yo químico industrial). Con este equipo fuimos campeones. El Porta estaba integrado por: Eduardo Porta, Jorge Brenes, Carlos Brenes, Mario Rosales (QEPD), Mario Bolaños, Augusto Pallavicini, un primo de Eduardo de apellido Córdoba, y yo, entre otros. ¡Un gran team!

De ahí di el salto a la **Primera División de Nicaragua** con el **Deportivo Masaya** (antes Deportivo Chávez), patrocinado por el Dr. Arnoldo Chávez y su esposa, doña Matty. Este equipo logró el ascenso de forma invicta. Yo mismo presencié aquel último partido contra el ISA (Ingenio San Antonio), en el estadio Cranshaw de Managua. ¡Qué equipo aquel! Contaba con estrellas como "El Pipil" de El Salvador, Oldemar Moncada de Costa Rica, Omar Blandón, Bergman Masís (su eterno capitán), Ramón "Capeto" Castillo Caldera, "Pillina" Ramírez, "Pildorita" González, "Palomo" Flores, Ronald y Miguel Bolaños, entre otros.

En 2018 se inauguró el **Complejo de Fútbol Arnoldo y Matty Chávez**, en honor a sus aportes al deporte masayés.

Recuerdo bien que estaba en clase de **Control de Producción** en la UCA cuando el Ing. Ronald Bolaños llegó a buscarme para firmar con el Deportivo Masaya. Jugué aproximadamente **seis años** con este equipo y también algunos partidos con la UCA, como ya conté antes. Participamos en la famosa **Cuadrangular**, torneo en el que competían los cuatro mejores equipos de la tabla nacional. El Deportivo Masaya fue **campeón de Copa en 1983**, justo el año de mi retiro. Yo ya trabajaba como Director Industrial en el Ingenio Javier Guerra. Más tarde, en 1984 y 1986, el Deportivo Masaya llegó a ser **campeón nacional**, y yo ya no estaba dentro de la cancha, sino dedicado de lleno a mi profesión.

En un partido contra el **Diriangén**, en la cancha del Colegio La Salle en Diriamba, el portero Ronald Bolaños fue expulsado por juego brusco. Entonces yo, que estaba de lateral derecho, pasé a la portería. Tuve un partido memorable, evitando una goleada con mis lances. Perdimos, sí, pero ya el marcador estaba sentenciado cuando me puse los guantes. Al terminar, Ronald dijo: *"Moncada es la revelación en los tres tubos; él será mi relevo"*. Sin embargo, seguí jugando como lateral y defensa libre.

Muchos de mis compañeros después brillaron en otros equipos o llegaron a ser seleccionados nacionales, como Julio Flores. Yo jugué mi último partido en la **Liga Abierta de Masaya**, entre 1982 y 1983, a la edad de 30 años… justo antes de conquistar a Patricia.

Reflexion

El deporte fue para mí mucho más que un pasatiempo o una competencia juvenil. Fue disciplina, esfuerzo, amistad y aprendizaje. Dentro de la cancha aprendí a ganar con humildad y a perder con dignidad, a respetar a mis compañeros y a mis rivales, y a trabajar en equipo para alcanzar metas más grandes que las individuales.

Cada gol recibido, cada jugada limpia, cada campeonato y cada derrota, me enseñaron que la vida también se juega en equipo, que el sudor de hoy es la satisfacción del mañana, y que la constancia es la que convierte a un muchacho soñador en un hombre con carácter.

Si bien colgué los tacos a los 30 años, el fútbol nunca me dejó del todo. Sigue vivo en mis recuerdos, en mis amistades y en las lecciones que me acompañan hasta hoy. El deporte me dio fuerzas para enfrentar la vida con valentía, y me preparó, sin saberlo, para los grandes retos que vendrían después: mi profesión, mi familia y mi destino.

El Deportivo Masaya, sorprendente equipo.

Capítulo 6.12
De aquí para allá, mi mentor: Dr. Jaime Downing

Llegó el momento del examen de graduación y la presentación de mi monografía ante el **Dr. Jaime Downing**, quien de inmediato me dio la pasantía. No hubo fiesta ni ceremonia de graduación en 1978, debido a lo convulsionado que estaba el país; las autoridades de la UCA decidieron suspenderla. Me entregaron primero el **diploma** de la Universidad Centroamericana y, meses después, el **título de Ingeniero** otorgado por la UNAN (Universidad Nacional Autónoma de Nicaragua), en marzo y mayo de 1979, respectivamente, justo antes de la insurrección final comandada por el FSLN.

En aquel tiempo, los títulos universitarios los firmaba el Presidente de la República, que en ese momento era Anastasio Somoza Debayle. Yo no quise que mi título llevara su firma y lo guardé sin firmar, consciente de que su caída era inminente y temiendo perderlo. Una vez que Somoza fue derrocado y el país se normalizó, entregué mi título para que lo firmaran. Ya no lo firmó Somoza, sino el Secretario General (con una firma ilegible) y el Rector de la UNAN, **Mariano Fiallos Oyanguren**, en agosto de 1980. Con el tiempo pensé que quizá hubiera sido mejor conservar la firma original de Somoza, pero ya era tarde… y el "hubiera" no existe.

A finales de 1978 e inicios de 1979, el Dr. Downing me recomendó con la industria **Pan Bimbo**, que buscaba un ingeniero químico para dirigir la producción. Trabajé allí unos tres meses, pero renuncié por tres razones: primero, el dueño era **Luis Pallais Jr.**, hijo del Dr. Luis Pallais Debayle y primo de Somoza, lo que me ponía en un ambiente político complicado. Segundo, me recogían en un carro con escolta armada, y temía que en cualquier momento los sandinistas lo confundieran conmigo y me mataran. Y tercero, descubrí que no quería ser un "ingeniero panadero".

Eso sí, comprendí por qué necesitaban un químico en la panadería: el control de humedad, temperatura, punto de rocío y la famosa **campana de Gauss** son fundamentales en el proceso de horneado. Fue interesante, pero no era mi camino.

De ahí, el Dr. Downing me recomendó con el Ing. **Jesús Campos**, Gerente Regional de Adhesivos de **MERINSA–Kativo de Nicaragua**, subsidiaria de Fuller (EE. UU.). Me hice cargo de la representación de adhesivos, sustituyendo al Ing. Roberto Mongalo, promovido a Gerente de Producción de Pinturas Kativo, en reemplazo del Ing. Roberto Fajardo, quien a su vez pasó a Pinturas SUR.

Allí me sorprendió la **insurrección final de 1979**. Muchas empresas fueron incendiadas o saqueadas, y Kativo no fue la excepción. Me ofrecieron trasladarme a Costa Rica, pero decidí quedarme en Nicaragua. En ese tiempo, mi novia Leyda se había ido a Venezuela. Mientras tanto, me hice novio de una joven que trabajaba en una tienda de Kativo en Managua, muy bonita. Sin embargo, cometí un error: desaparecí sin despedirme, supuestamente para no herirla, pero sé que fue peor. Con Leyda retomé la relación a su regreso, y de ella nació **César Ricardo**. Finalmente terminamos en 1982, pues no había futuro juntos.

Cuando Kativo se incendio, nuevamente apareció mi mentor: el Dr. Downing me dio trabajo en **POLYCASA** como asistente del Ing. Álvaro Martínez, Gerente de Producción, quien luego llegó a ser Vicegerente General. El asistente anterior había muerto durante la guerra. Poco después, los dueños de POLYCASA huyeron del país, entre ellos Donald Spencer, y la empresa pasó a manos del Gobierno Sandinista. Lo que siguió después, ya lo conté en la parte de *Lo Bueno*, comenzando con **ATCHEMCO** y mi gran amigo, el Ing. José Luis Howay.

Reflexión

Si en mi vida profesional hubo una figura clave, esa fue el **Dr. Jaime Downing**. Fue más que un jefe o un maestro: fue un mentor que abrió puertas, me tendió la mano en momentos críticos y creyó en mis capacidades incluso antes de que yo mismo lo hiciera. Su confianza me llevó a industrias, retos y responsabilidades que marcaron mi carrera.

Gracias a él, entendí que el conocimiento no solo se transmite en el aula, sino también en la forma de guiar, orientar y dar oportunidades a los demás. Cada paso que di después de la universidad llevó, de alguna manera, la huella de su influencia. Y por eso, su nombre merece estar escrito con respeto y gratitud en estas memorias.

Capítulo 6.13
Relaciones Profesionales

En mi carrera profesional, en cada una de las empresas donde trabajé, tuve la bendición de rodearme de profesionales inteligentes y muy capaces. Encabezados, sin duda, por mi eterno mentor, el **Dr. Jaime Downing Urtecho (QEPD)**, fundador de la carrera de Ingeniería Química en la UCA. Recuerdo una frase célebre suya, cuando alguien intentó pasarlo por alto:

"Mirá, yo te inventé y también puedo desinventarte."

Entre otros grandes colegas y maestros, recuerdo con gratitud al **Ing. José Luis Howay (QEPD)**, **Ing. Esteban Duque Estrada**, **Ing. Roberto Fajardo**, **Ing. Jesús Campos (QEPD)**, **Lic. Fernando Cajina (QEPD)**, **Ing. Edgard Vargas Guzmán (QEPD)**, **Ing. David Morice Gallegos (QEPD)**, **Ing. Wilfrido Mierish**, **Ing. Antonio Vargas** y **Ing. Eduardo Holman Chamorro**.

Experiencia en Cuba

Entre 1986 y 1990 fui **asesor principal de la producción de azúcar blanco sulfitada en la República de Cuba**, con resultados tan exitosos que debía viajar dos veces al año para dar seguimiento a los trabajos realizados en el **Ingenio Amistad con los Pueblos** y en otros seis ingenios cubanos.

Cuando el **MINAZ (Ministerio del Azúcar de Cuba)** y la **DIA (Dirección de la Industria Azucarera de Nicaragua)** me pidieron ir a trabajar a Cuba, respondí:

"Una golondrina no hace verano. Yo voy, pero me llevo a trabajadores seleccionados de cada ingenio en Nicaragua, porque este es un trabajo de equipo."

Así fue. Seleccioné a dos operarios de cada posición del proceso azucarero y llevé también a **Patricia**, recién casados, como mi secretaria particular.

En Cuba, la persona que me atendió directamente fue el **Viceprimer Ministro del MINAZ, Raúl Trujillo Tejeda**, y en el ingenio, su Director General, **Eduardo Fraga**. Los resultados fueron tan destacados que posteriormente, en Nicaragua, **Edgard Vargas** (Director Nacional de la Industria Azucarera) y **Eduardo Holman** (Viceministro del MIDINRA) me nombraron **Coordinador Industrial de los Ingenios de Nicaragua**, cargo que ocupé hasta 1990.

Invité a Nicaragua a los directores de los ingenios cubanos productores de azúcar sulfitada, junto con sus técnicos principales, para que observaran *in situ* el proceso nicaragüense. Personalmente los acompañé por todos los ingenios del país, junto a **Olman Rodríguez**, quien fue parte del equipo de atención a la delegación cubana.

Innovaciones en la industria azucarera

De allí pasé a **METAZÚCAR**, la rama metalmecánica de la industria azucarera, dirigida por el Ing. **Wilfrido Mierish**. Durante esa etapa:

- Desmantelé un **secador de azúcar** de enormes cilindros en el Ingenio San Antonio y lo instalé en el **Ingenio Victoria de Julio**, implementando todo el equipo industrial para producir **azúcar blanca sulfitada**, que antes no podían fabricar. Los resultados fueron excelentes.

- En el **Ingenio Benjamín Zeledón** (antes Dolores), instalé el sistema de **doble semilla**, con excelentes resultados.

- En el **Ingenio Germán Pomares (Monterosa, El Viejo, Chinandega)**, implementé el sistema de **doble purga de semilla C**.

- En **Honduras**, logré cristalizar meladura sin cambiar el proceso, obteniendo una calidad de azúcar sulfitada nunca antes alcanzada, además de mejorar el diseño del clarificador de jugo.

- En **Monterosa (Nicaragua)**, rediseñé el clarificador de meladura, que con su diseño original no funcionaba correctamente.

Cada proyecto fue un reto técnico y un logro que me llenó de orgullo profesional.

Momentos difíciles

No todo fue color de rosa. En mis momentos más tristes, generalmente cuando cambiaba de trabajo y pasaban meses sin encontrar empleo, llegué a experimentar la humillación de devolver un vehículo nuevo a la casa automotriz y andar nuevamente a pie, viajando en bus a Managua y recorriendo la ciudad con mi maletín lleno de ilusiones.

En esos tiempos siempre encontré a amigos piadosos que me levantaron el ánimo:

- El **Lic. Gonzalo Duarte**, a quien conocí en la UCA y que vivía en Colonial Los Robles junto a su esposa Olga, a quien llamaba cariñosamente *Olguita*.

- El **Ing. Mario Gómez**, dueño de una fábrica de acero en Tipitapa y un edificio comercial en Managua.

- Y, por supuesto, mi mentor de siempre, el **Dr. Jaime Downing**, quien incluso visitó mi destilería en mi finca *"Gracias a Dios"*.

Esos momentos de dificultad templaron mi carácter. Como el **Ave Fénix**, siempre renacía de mis propias cenizas. Y nunca me faltó la presencia del Señor Dios, que jamás me abandonó.

Capítulo 6.14
Gracias a Dios:
El Trapiche

Durante los años **1992 y 1993** fabriqué aguardiente a granel y lo comercialicé en los departamentos del sur de Nicaragua: **Masaya, Carazo, Granada y Rivas**. A granel significa que lo vendía en galones, en recipientes de 5 galones, e incluso por litros, la medida volumétrica más pequeña.

En **1993**, antes de irme a Honduras (1995), compré una finca cañera con trapiche llamada *"La Vida es Nada"*. Le cambié el nombre a **"Gracias a Dios"**, ubicada en la zona trapichera de Carazo, entre **Nandaime y Jinotepe**, sobre la carretera Panamericana.

Allí **diseñé, construí, instalé y eché a andar una destilería de alcohol de 96° G.L., con capacidad de 800 litros diarios**. Todo partía del trapiche azucarero. También construí una calderita de vapor para la torre de destilación, que permitía extraer el alcohol producido por la fermentación de las mieles derivadas de la caña molida. Ese alcohol, de calidad potable, lo comercialicé como aguardiente, rebajando el grado alcohólico a 35–40° G.L., según lo exigía la ley.

El diseño de la destilería lo hice **por gravedad**, con apenas dos bombas de propulsión; una de ellas era de gasolina y de doble dirección.

Recuerdo que una vez invité a **Gerardo y su familia** a bañarnos en una gran pila de cemento que parecía piscina, dentro de la finca.

Apoyos y obstáculos

En una ocasión fui al **Ingenio San Antonio** en Chichigalpa, Chinandega, a visitar a **Edgard Vargas**, que era Administrador General, buscando apoyo con materiales para terminar la destilería. Edgard autorizó algunos suministros, pero el entonces superintendente, **Ing. Wilfrido Mierish**, no les dio salida.

También mostró gran interés en mi proyecto el **Ing. Guillermo Ramírez**, quien había sido mi asesor en el Ingenio Javier Guerra, y me visitó para conocer los avances.

Incluso llegué a construir un par de tachitos (recipientes de evaporación de un solo efecto) para producir azúcar, aunque nunca los instalé, ya que preferí terminar primero el sistema de la destilería.

El golpe económico

La producción fue detenida porque **Licorera Nacional**, fabricante del afamado *Ron Flor de Caña*, bajó drásticamente los precios de su aguardiente a granel, lo que me afectó económicamente y volvió insostenible el negocio.

En **agosto de 1995**, Edgard Vargas me llamó por teléfono para proponerme ir a trabajar con él al **Ingenio La Grecia**, en Marcovia, Choluteca, Honduras. Acepté y viajé, permaneciendo allí un año hasta que Edgard renunció a la gerencia. Mis resultados fueron excelentes: se logró una calidad de **azúcar blanca sulfitada como nunca antes se había producido en ese ingenio**.

El traslado a Monterosa

En **1996**, Edgard llegó junto al **Arq. Ramiro Lacayo Deshon** a mi propiedad, donde estaba instalada la destilería. Me propusieron comprarla, pero con la condición de que yo la desmantelara y la reinstalara en el **Ingenio Monterosa** (antes Germán Pomares), contratándome además como gerente de la destilería.

Acepté inmediatamente. Conservé el mismo diseño original, pero lo mejoré, fabricando incluso una caldera de **60 HP** utilizando materiales de desecho del ingenio.

Durante esa etapa recibí tres visitas muy especiales:

- El **Ing. David Morice**, gerente de fábrica del Ingenio San Antonio.
- Mi mentor, el **Dr. Jaime Downing**, consultor técnico en ese tiempo.
- El **Ing. José Luis Howay**, quien ya vivía en Estados Unidos desde 1982.

Posteriormente, Ramiro y su primo, el **Dr. Raúl Lacayo Solórzano**, dueños del Ingenio Monterosa, me pidieron que además me hiciera cargo de la **fabricación de azúcar** como jefe de fabricación, ya que no podían producir azúcar blanca sulfitada. Así terminé con **doble salario**, manejando ambas áreas. Los resultados, nuevamente, fueron **excelentes**.

Sin embargo, Monterosa fue vendido al **Grupo Pantaleón de Guatemala**, encabezado por **Julio Herrera** (a quien conocí cuando visitó el ingenio). La destilería no estaba incluida en la negociación, así que la desmantelé y la regresé a mi finca *Gracias a Dios*, donde quedó guardada bajo techo.

El trapiche en alquiler

El trapiche lo alquilé al **Sr. Ramón Conrado**: yo molía mi caña en las mañanas para hacer atados de dulce, y él lo utilizaba por las tardes y noches. Así trabajamos durante **1997 y 1998**.

Una fe inquebrantable

Hoy, tristemente, **personas sin escrúpulos** han querido adueñarse de la finca, destruyendo por completo la destilería y acabando con el trapiche dulcero.

Pero yo sé que **la tierra es del Señor, y todo lo que en ella hay**. Lo que a los hombres parece pérdida, para Dios es solo una pausa. Creo firmemente que todo lo que se me quitó en este mundo, Dios me lo devolverá multiplicado de alguna manera: en paz, en familia, en bendiciones o en nuevas oportunidades.

Por eso, cada vez que pienso en mi finca *Gracias a Dios*, no la miro como destruida, sino como una semilla que sigue sembrada en tierra fértil. Una semilla que, en el tiempo de Dios, dará su fruto otra vez.

Capítulo 6.15
Amigos agradecidos

En 1999, durante el mes de julio, llegó a visitarme desde los Estados Unidos mi amigo **Olman Rodríguez Sequeira**, quien trabajaba en el ingenio azucarero *Osceola* de Florida. Me preguntó cómo me iba y le expliqué que había dejado de laborar en los ingenios para formar mi propia empresa de fabricación de alcohol y posteriormente de azúcar, pero que no había podido continuar debido al fuerte monopolio de *Flor de Caña*.

Con la generosidad que lo caracterizaba, Olman me dijo: —"Vámonos, probemos en el ingenio donde yo trabajo. Tal vez podás comenzar allí."

Le respondí que sí, pero le aclaré que no tenía dinero para el pasaje. Entonces, sin dudarlo, **me prestó el dinero para el boleto**.

La llegada a Estados Unidos

El **28 de julio de 1999** partí de Nicaragua rumbo a Miami en un vuelo de *American Airlines*. Llegué con una gran maleta, aunque llevaba más libros de ingeniería que ropa. Mi capital económico eran apenas **35 centavos de dólar**, pero mi verdadero capital era mi fe en Dios, mi experiencia y mis ganas de conquistar nuevas oportunidades a mis **44 años de edad**.

Al llegar al aeropuerto de Miami me esperaba mi cuñado **Carlos Jarquín Rojas**, esposo de mi hermana Elizabeth, quien curiosamente había llegado a Estados Unidos un día antes. Me llevó a **Homestead**, donde se hospedaban Elizabeth y Carlos en casa de unos amigos,

Jacobo y Ofelia, matrimonio nicaragüense radicado en Florida. Allí dormí mi primera noche.

Luego supe que una **prima hermana, Socorro "Coco" Paladino** —hermana de mi primo Armando Paladino, fundador y baterista del grupo musical *Los Rockets*— vivía en **Sweetwater**, mucho más cerca del aeropuerto. Me comuniqué con ella y al día siguiente Carlos me llevó hasta su casa. Pasé allí una sola noche, pero fue suficiente para conversar por teléfono con mi tío Armando, quien también vivía en Estados Unidos. Recordamos aquellos tiempos en que me recogía para llevarme a la UCA, camino a su trabajo en *Nabisco Cristal* en Managua. Fue la última vez que hablé con él, pues poco tiempo después falleció.

Camino a Pahokee

Muy temprano al día siguiente fui al aeropuerto de Miami para encontrarme con los hermanos **Olman y Manuel Rodríguez**, a quienes conocía desde el **Ingenio Javier Guerra** en Nandaime.

- **Olman** era tachero, la posición más alta de un ingenio, pues en ese tiempo el tachero era el responsable de lograr, con habilidad manual y experiencia, la cristalización de la sacarosa en los tachos, algo que hoy se realiza de manera automática.

- **Manuel**, su hermano, había empezado como ayudante de tachos, pero con el tiempo lo promocioné a tachero junto con la recomendación de **Don Carlos Parrales (QEPD)**, jefe de mantenimiento y más tarde mi asesor personal. Desde entonces los dos hermanos trabajaron juntos, y eran reconocidos como excelentes tacheros.

Con ellos partí hacia **Pahokee**, pequeña ciudad a dos horas de Miami, ubicada en la ribera suroeste del **Lago Okeechobee**, el gran lago de Florida, aunque mucho más pequeño que nuestro **Gran Lago de**

Nicaragua. La zona cañera se extendía también a las ciudades de **Belle Glade, South Bay y Clewiston**.

La primera visita al ingenio

Al día siguiente me llevaron al **Ingenio Osceola**, donde trabajaban. Me presentaron al **Director de Fábrica**, pero su respuesta fue breve y dura: —"No tengo trabajo disponible... hasta noviembre."

Salí con la cabeza baja y preocupado. El corazón me pesaba porque necesitaba enviar dinero a mi familia lo más pronto posible. Sentí que el suelo se movía bajo mis pies, pero también comprendí que no había llegado hasta allí para rendirme.

Reflexión

Ese fue el inicio de mi aventura en los Estados Unidos. No había oro ni plata, pero sí amigos fieles, agradecimiento en mi corazón y una fe profunda en que Dios abriría las puertas correctas.

Si algo confirmé en ese momento es que **los amigos puestos en el camino son instrumentos de Dios**, y que un préstamo de confianza, una cama ofrecida o una llamada a tiempo pueden significar el inicio de una nueva vida.

Capítulo 6.16
Primer trabajo en EE. UU.

De regreso a **Pahokee**, mis amigos solían detenerse en una gasolinera donde compraban cervezas. Resulta que el empleado que atendía en la bomba se peleó con el dueño, el señor **Emilio Pérez**, y abandonó el trabajo. Entonces Olman, Manuel y yo hablamos con Emilio para que me diera la oportunidad. Como necesitaba urgentemente un gasolinero, me contrató de inmediato.

La paga era de **300 dólares semanales**, trabajando de **4:00 a. m. a 8:00 p. m.** Además, podía consumir refrescos y comida de la tienda a cambio de ayudar a sacar la carne del día para la comidería. **Acepté sin dudarlo.** Así comencé en agosto de 1999.

Vivía en ese momento con Olman y su familia, en un apartamento cercano a la gasolinera. Todas las madrugadas llegaba una pandilla de perros callejeros a buscar comida. Yo les daba a algunos, pero en especial a un perro negro que parecía ser el jefe. Lo trataba con amabilidad y, de una forma increíble, aquel perro terminó protegiéndome: cada noche, a las 8 p. m., me acompañaba caminando desde la bomba hasta el apartamento, y al amanecer estaba en la puerta esperándome para llevarme de regreso. ¡Todos los días!

Un día, al ver mi situación, me eché a llorar:

"Aquí está el ingeniero Julio Moncada, quien fue Coordinador de Ingenios en Nicaragua, exitoso en todas las empresas donde trabajó, echando gasolina como bombero..."

Esto llegó a saberse en Nicaragua como una gran noticia. Sin embargo, yo estaba tranquilo, porque podía mandar dinero a mi familia y logré pagar los **330 dólares** del pasaje que me había prestado Olman.

De gasolinero a administrador

Tras 21 días en la gasolinera, hablé con Emilio y le conté que era ingeniero. Olman y Manuel lo confirmaron, y Emilio me dio una nueva oportunidad: trabajar en su oficina de **Belle Glade**, a partir de septiembre de 1999. Pasé de ser gasolinero a convertirme en **administrador de todos sus bienes**:

- 63 casas de alquiler.
- Transporte con 12 camiones de acarreo (4 propios y 8 como *broker*).
- Un taller de mecánica.

En ese tiempo, Olman me prestaba su carro para ir a trabajar.

Al ver que mi hermana **Elizabeth** y mi cuñado **Carlos** estaban sin empleo en Miami, hablé con Emilio para pedirle trabajo también para ellos. Aceptó, y así vinieron por tren desde Miami. Los recogí en la estación de **West Palm Beach**. Emilio incluso les dio una casa gratis frente a la gasolinera, y yo me mudé con ellos. Desde entonces, entregué el carro de Olman y comencé a viajar en los camiones de la empresa, de Pahokee a Belle Glade, todos los días desde las 4 a. m.

Anécdotas y sustos

Una madrugada, al bajarme de un camión frente a la oficina, dos doberman guardianes de un *dealer* automotriz vecino

se me lanzaron encima. Con un grito fuerte, exclamé:
—"¡STOP!"

Increíblemente, los perros frenaron en seco y se retiraron. Yo quedé temblando de miedo.

En otra ocasión, al bajar de la cabina de un camión conducido por un nicaragüense llamado **Luis**, resbalé de los estribos y caí de cabeza. Luis corrió a auxiliarme creyendo que me había quebrado el cuello. ¡Qué susto! Gracias a Dios, solo fueron golpes leves.

Confianza y primera Navidad

Con esfuerzo y responsabilidad logré ganarme la confianza de Emilio. Tanto fue así, que en diciembre de 1999 me entregó **1,500 dólares** para regresar a Nicaragua, traer a mi familia y volver para seguir trabajando en su empresa **EMISAR** (*Emilio y Sara*, su esposa).

Antes de ese viaje, en noviembre de 1999, ocurrió el paso del **huracán Irene** por Pahokee, que arrasó con muchos árboles y casas. La vivienda donde yo estaba sufrió la destrucción total de sus ventanas de vidrio. Fue un duro recordatorio de lo vulnerable que es la vida… pero también de lo fuerte que uno puede volverse cuando la fe y la esperanza lo sostienen.

Capítulo 6.17: Viaje a Nicaragua y regreso a EE. UU. Con la familia

Salí de los Estados Unidos el 5 de diciembre de 1999, vía Panamá, de regreso a Nicaragua. El 7 era el cumpleaños de Patricia. El resto del dinero para viajar nuevamente a EE. UU., $800.00 dólares, me lo dio mi hermano Javier, quien ya tenía varios años de residir en ese país, trabajando en su profesión de odontólogo, casado con Dolores Sansoni y con cuatro hermosos hijos: Eduardo Javier, Laura Isabel y los gemelos Andrews y Matthew.

Regresé con toda mi familia a EE. UU. el 27 de diciembre de 1999, día de la Sagrada Familia. Viajamos desde el aeropuerto de Miami a Pahokee. Llegamos de noche y nadie nos esperaba para llevarnos. Contraté un taxi del aeropuerto que me pedía $220 dólares por el viaje; logré ajustarlo a $180. Éramos siete: Patricia y yo, con cinco niños. El trayecto duró dos horas. Arribamos a la casa de Oldman a las tres de la madrugada. Durante el viaje todos dormían; Patricia llevaba en su regazo al más pequeño, Gonzalo, a punto de cumplir dos años.

Días después, Patricia me confesó que, mientras miraba la carretera totalmente oscura y solitaria, se preguntaba en silencio: *"¿A dónde nos llevará Moncada?"* Esa noche el frío alcanzaba los 4 grados centígrados (alrededor de 40 Fahrenheit).

Al llegar, fue la esposa de Oldman, Verónica, una mujer piadosa, quien nos recibió a las 2:30 a. m. y nos hizo pasar. Cuando Oldman regresó de trabajar, cerca de las 7:30 de la mañana, comenzó a contar a los niños y dijo: "Aquí falta uno, conté cuatro y son cinco". No había visto a Gonzalo, que estaba dormido en los brazos de Patricia. Reímos después al recordar su confusión.

Al día siguiente, una señora de Masaya —a quien conocía de vista cuando jugaba fútbol en el Salesiano— nos llevó a la casa en la que viviríamos, propiedad de Emilio. La vivienda estaba vacía, llevaba cinco meses desocupada, sin agua ni electricidad. Conseguimos dos colchones: Gonzalo dormía en una maleta llena de ropa para protegerse del frío; tres niños en un colchón y Julio Jr. en una maleta tipo chorizo, arropado con ropa. Patricia y yo compartíamos el otro colchón. Felices, porque al menos estábamos juntos. (Hoy en día todos esos niños son adultos, casados y profesionales).

Durante los primeros días comíamos y nos aseábamos en un Kentucky Fried Chicken cercano, mientras yo ya había retomado el trabajo con Emilio.

Al tercer día vi a Patricia pensativa, sentada en la única silla metálica de la casa. Le pregunté:

—Patricia, ¿qué te pasa? ¿Estás triste, estás enferma? Ella respondió:

—No, no tengo nada, Julio, estoy bien.

Tiempo después me confesó que meditaba en silencio: *"¿Qué hago ahora? ¿Regreso o me quedo? Si Jesús, siendo el Hijo de Dios, nació en un pesebre, ¿qué puedo pedir yo, que no soy nada?"* También recordó las palabras de un sacerdote neocatecúmeno que le había dicho: *"El matrimonio no puede estar separado: o todos juntos en EE. UU. o todos juntos en Nicaragua. Si a su marido le toca estar arriba de un árbol, allí debe estar toda la familia, unida, no separada"*.

Ese mismo día tocaron a la puerta. Era el señor José Ramos, a quien había conocido en la gasolinera. Al saber de nuestra fe, nos llevó comedor, cocina, dos camas y ropa de cama. Una señora llamada Wendy nos regaló refrigeradora y microondas; Sara, la esposa de Emilio, nos llevó muebles de sala; y yo compré un televisor, escritorio y librero de segunda mano. Poco a poco la casa se fue llenando. Claro, también nos llevamos un susto: aparecieron tres serpientes en la vivienda, una frente a mí, otra a mis hijas y otra a Patricia. Las tres tuvieron un mismo final.

Antes de salir de Nicaragua habíamos vendido algunas cosas y regalado muchas. Pero Dios, en su infinita bondad, nos fue regresando todo y más de lo que necesitábamos. ¿Crees en Dios? Ahí está la respuesta.

Cuando dejé de trabajar con Emilio, el 1.º de noviembre del año 2000, entregué en orden las cuentas: los pagos de las 63 casas de alquiler de EMISAR, los 64 camiones de carga que transportaban mulch, palito y bagazo de caña para la planta eléctrica de Okeelanta, y los cuatro camiones propios de EMISAR que transportaban caña de azúcar. Emilio era muy respetado porque pagaba bien y a tiempo, razón por la cual muchos camioneros de Miami y Fort Myers querían trabajar con él.

Sin embargo, Emilio no aceptaba que yo pasara a Okeelanta. Incluso avisaron al gerente de recursos humanos de ese ingenio que yo no tenía papeles legales. Lo cierto es que, al entrar a EE. UU., nos dieron seis meses de estadía como turistas y, sin conocer las leyes migratorias, dejamos pasar la oportunidad de acogernos a la ley 245i, vigente hasta abril del 2000, que permitía peticiones de hermano a hermano. Patricia tenía a su hermana Braxis, ciudadana, y yo a mi hermano Javier. Pero no hicimos ninguna gestión.

La carta de recomendación que me dio el Padre John al ingeniero Ricardo Lima, gerente de Okeelanta, dio frutos. Un domingo, durante misa en St. Mary's, el ingeniero Lima ofreció empleo. Nadie se acercó, así que corrí a casa por mi currículum y la carta. Patricia me dijo: *"Anda corriendo que yo lo detengo hasta tu regreso"*. Mientras tanto, ella conversó con la esposa de Lima, de origen hondureño, sobre costura y confección, su pasión.

Cuando entregué los documentos, Lima me dijo:

—No se preocupe, deme solo la carta del Padre John. Usted ya tiene trabajo. Pregunte en Okeelanta por el señor Israel Báez.

Más tarde, Báez me dijo que debía regularizar mis papeles en inmigración antes de comenzar como supervisor de producción. Preocupado, fui donde el Padre John. Él me entregó un cheque para ayudarme mientras tanto. Yo, al verlo de reojo, creí que era por $250 dólares, pero al abrirlo en casa descubrí la cifra real: ¡$2,500 dólares! ¡Que Dios bendiga al Padre John!

Un miembro de la comunidad me recomendó a Richard, un haitiano que podía ayudarme a regularizar mi situación. Él me aseguró que mi permiso de trabajo era legítimo, pues mi número de seguro social era el mismo que había solicitado en 1992. Incluso fuimos juntos a retirarlo de una oficina del *Social Security* en North Miami. No había dudas de su legitimidad. El trámite me costó $2,500 dólares, que incluían también los números de seguro social para Patricia, Julio Jr. y Gonzalo. Las tres niñas ya lo tenían.

Capítulo 6.18:
Trabajos Eclesiásticos y Viajes

Durante todo el tiempo que trabajé en Okeelanta, fuimos incansables colaboradores en el Reino de Dios a través de la Iglesia Santa María. Ayudábamos en lo que podíamos al Padre John: Patricia como secretaria de la catequesis y yo apoyando en distintas actividades parroquiales. En el día de San Valentín participaba como "juez" en las bodas ficticias, entregando un certificado de matrimonio simbólico: ¡todo un juego perfecto!

Celebrábamos todas las advocaciones de la Virgen María, en especial la Inmaculada Concepción, patrona de Nicaragua y de los Estados Unidos. Aunque éramos pocos nicaragüenses en Pahokee, nos hacíamos sentir con alegría y bullicio, cantándole a la Virgen los cantos tradicionales y proclamando con entusiasmo el lema: —¡¿Quién causa tanta alegría?! —¡La Concepción de María!

Entre los compatriotas que vivíamos en Pahokee estaban Ivania Larios con su familia, una señora llamada Jeanette, Auxilio Miranda y algunos más. Invitábamos a toda la comunidad, mayoritariamente mexicana, a compartir nuestras tradiciones, del mismo modo que nosotros nos uníamos a las suyas.

Patricia impulsó celebraciones al Sagrado Corazón de Jesús, San Judas Tadeo y el rezo del Rosario en varias advocaciones de la Virgen. Con ayuda de Ivania, presidenta del consejo eclesial, se organizaron también festejos para el cumpleaños del Padre John Mericantante, sus aniversarios sacerdotales y otras conmemoraciones. Impartimos clases de fe para adultos, y quince minutos antes de la misa de los domingos a las 11 a. m., informábamos a los feligreses sobre las actividades y noticias de la parroquia.

El Padre John nos dio autorización y bendición para iniciar un programa radial en *Radio Lobo* de Belle Glade, al que llamamos *Portal Católico Familiar: Teniendo a Jesucristo como Centro de Nuestras Vidas*. Fue patrocinado durante diez meses por don José "Pepe" Fanjul Jr.; en otra ocasión, un mes fue cubierto por todos los supervisores de producción de Okeelanta y cuatro meses por nosotros mismos. Salíamos al aire los domingos de 7 a 8 a. m. y el programa tuvo muy buena acogida entre la comunidad católica de la zona. Lamentablemente, la emisora cerró por falta de financiamiento.

Durante los 18 años que trabajé en la refinería de azúcar en Okeelanta viví en gran parte con felicidad y gratitud: tenía trabajo en mi profesión, buen salario, experiencia acumulada y mis hijos avanzaban en sus estudios hasta graduarse de la universidad.

En septiembre de 2016, Patricia, Bryan y yo viajamos a California, pasando antes tres días en Las Vegas. Después alquilamos un carro y fuimos a Maricopa, Arizona, donde saludamos a mi hermano Javier durante dos días, y de allí seguimos hacia California, donde vive la hermana de Patricia, Nonga.

El 30 de mayo de 2018 me retiré a los 62 años y medio. De Pahokee nos trasladamos a West Palm Beach. Desde entonces hemos viajado por tierra tres veces a California, dos veces a Washington D. C. y Nueva York, una vez a Chicago y a las Cataratas del Niágara, también a Massachusetts para visitar Harvard, Cambridge y el MIT, y en otra ocasión a Atlanta. Además, recorrimos gran parte de Florida.

Capítulo 6.19
Patricia, la Linda Muchacha

Esta narración quise dejarla para el final a propósito. *Los últimos serán los primeros.*

Cuando llegué por primera vez al Ingenio Javier Guerra, entré a la oficina de Ingeniería. Al lado izquierdo estaba el grupo de técnicos y, frente a mí, vi a una muchacha preciosa, sentada en un escritorio, concentrada en su trabajo. Quedé flechado de inmediato y mi mente corrió veloz: *"Esta es"*. ¿Habrá sido inspiración del Espíritu Santo?

Me llevaron a otra oficina, donde estaba el Consejo de Zafra, y me presentaron como el nuevo Superintendente de Fábrica, en sustitución del Lic. Egnio Arauz, quien fue enviado al ingenio Jesús María, que solo producía meladura. Al tercer día de haber llegado, la muchacha desapareció y no regresó más al ingenio. Le pregunté a mi secretaria, Asunción Sánchez, quién era y por qué se había ido sin que yo supiera nada. Ella me explicó que la joven solo estaba cumpliendo con horas de producción para poder bachillerarse, que se llamaba Ana Patricia Ramírez León y que pertenecía a una de las familias más adineradas de Nandaime. Averigüé y descubrí que era nieta de don Alfonso León Sam, inmigrante de la China Continental, y de doña Leonor Abaunza Miranda, y que era hija de doña Nelly León.

Pasaron unos meses y Asunción salió embarazada. Como necesitaba una secretaria suplente durante su subsidio, Recursos Humanos me presentó a dos candidatas, pero ninguna dio la talla ni resistía la presión de trabajo en la Superintendencia. Antes de salir, pedí a

Asunción que buscara a la "linda muchacha" para que la sustituyera. Moví también a Recursos Humanos y hasta algunos trabajadores de fábrica para convencerla. Hablaron con su madre, doña Nelly, quien finalmente la persuadió diciéndole que no perdía nada con intentarlo. ¡Así fue! Y yo feliz: ya tenía mi "trompo enrollado".

La enamoré casi un año, aunque ella ya tenía novio. Un día le dije: *"Yo voy a hacer que olvides a ese novio y te casarás conmigo"*. El tiempo me dio la razón.

Me enamoré perdidamente de ella, le robé muchos besos maravillosos; hoy dirían que era acoso, pero en aquel entonces era otra época. Patricia fue Reina de las Fiestas Patronales de Nandaime, en honor a Santa Ana, la abuela de nuestro señor Jesus. En el desfile hípico debía montar a caballo. Yo llegué en una moto Honda 750, después de haber estado tomando en casa de una amiga. Al verla tan hermosa, vestida de vaquera, montada en su caballo, di un salto y me subí detrás de ella. Nerviosa, temía que el caballo saliera al galope y me pidió que me bajara de inmediato. Yo le respondí que lo haría si me aceptaba como novio. Como la puse en aprietos, me bajé y me fui.

Por la noche, en la fiesta de gala, fui a buscarla para bailar, pero la vi con su novio y lo besó frente a mí. Me retiré con la cabeza baja diciéndome: *"¡Al carajo!"*.

Al día siguiente, los directivos del ingenio viajamos a Cuba como premio por haber sido el mejor ingenio de Nicaragua. Durante quince días disfrutamos muchísimo. De regreso, y por insistencia de José, el Gerente General, compré una gargantilla muy bonita para Patricia. Al volver al ingenio, se la puse en el cuello con un gran beso. Para entonces ella ya había terminado con su novio. Poco a poco lo olvidó y yo me presenté a mi futura suegra. Le confesé que tenía un hijo de una relación anterior, y esa sinceridad la conquistó: me aceptó en casa. Mi suegro, en cambio, no me tragaba; quedaba "prensado" en su garganta y me rechazaba abiertamente.

En una de mis visitas a escondidas, llegó a la casa y, armado con un fusil AK-47, intentó dispararme. Por suerte, yo ya me había marchado. Otro día salió con machete en mano y provocó un gran alboroto, que mi suegra logró contener cerrando las puertas. Incluso una vez me gritó improperios en casa de don Carlos Parrales, mi asesor de mantenimiento en el ingenio. Finalmente, llevé a mi padre para que hablara con él; cuando supo que yo era sobrino del Dr. Eduardo Paladino, a quien conocía, su cólera comenzó a ceder. Una odisea, ¿no? Pero valió la pena.

Con el tiempo, Patricia recuerda que al inicio yo le caía mal, a lo que siempre respondo: *"Tan mal te caía que me diste seis hijos"*. La gente sonríe al escucharlo.

El 23 de enero de 1986 nos casamos por lo civil y el 25 de enero, en la Iglesia Santa Ana de Nandaime, mi suegro desfiló orgulloso, llevando del brazo a la linda muchacha para entregármela en la ceremonia religiosa. Dios me concedió el triunfo y el anhelo que desde el primer día tuve: que Patricia, mi linda muchacha, fuera mi esposa.

Cuando caí preso antes de casarnos, pensé que mi suegro podría interceder por mí, pero fue en vano. Él era primo del escritor y político Dr. Sergio Ramírez Mercado, entonces vicepresidente de Nicaragua, en el gobierno del comandante Daniel Ortega Saavedra, ambos del Frente Sandinista de Liberación Nacional (FSLN).

Continuaremos con esta historia en: *Lo Malo*, capítulo 11.

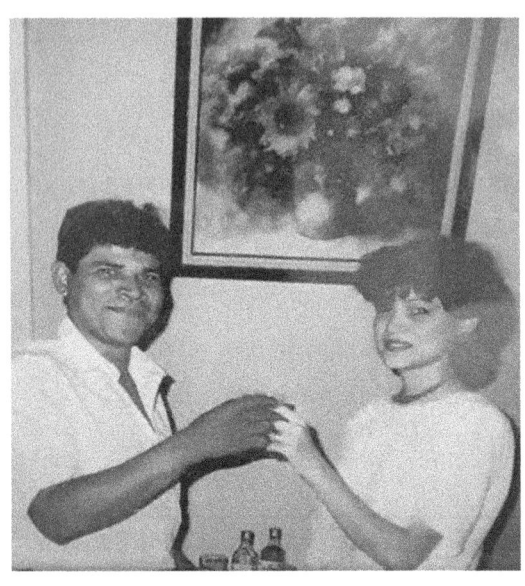

Capítulo 6.20
Mis suegros

El comportamiento entre mi suegro y yo fue de lo más desastroso, ya lo he comentado en el capítulo 6.19 de *Lo Bueno*. ¿Yo hubiera hecho lo mismo? Por favor, regresen a ese capítulo y juzguen ustedes mismos.

En realidad, mi suegro era bastante cómico. Le decían *El Hermanazo*. Con el tiempo fue cambiando, aunque conmigo apenas un poco. Contaba muchísimos chistes, aunque los repetía tanto que yo le decía que mejor los numerara para contarlos. Se jactaba de ser pariente —y lo era— de Sergio Ramírez Mercado, excelente escritor.

Mis suegros vivieron un tiempo en Venezuela con su familia, que en ese entonces eran cuatro hijos: Nelly Amalia (QEPD), Gonzalo José (QEPD), María Leonor (*Nonga*, mi *hermanaza*) y Ricardo Antonio. Después nacieron Braxis Auxiliadora, Ana Patricia y Javier. En Venezuela, mi suegro hizo un excelente trabajo: fue condecorado dos veces a nivel nacional como el mejor vendedor de seguros de vida. Más tarde fundó una compañía de fumigación que le fue muy bien.

Anécdotas de mis suegros

Una vez, cuando mi suegro salía por toda Venezuela a vender seguros, solía viajar con un compañero de apellido Mendoza. Mi suegra, sospechando de sus aventuras, lo siguió. Ellos se hospedaron en un hotel de Caracas (aunque vivían en Maracaibo) y, en la habitación contigua, se instaló mi suegra disfrazada: peluca, gafas oscuras, ropa distinta y un perfume fuerte para que no la reconociera.

En la pared había un orificio y, para llamar la atención, subió el volumen de la música y comenzó a bailar. Ellos, curiosos, se turnaban para espiarla por el hueco. Ella les pidió un cigarro a través de un papelito. Encantados, le respondieron que se lo darían en la puerta; pero ella insistió en que lo pasaran por el orificio. Mi suegro, divertido, acercaba la boca al agujero para besarle los dedos a la supuesta mujer misteriosa. Entonces ella habló, y mi suegro, sorprendido, le dijo a Mendoza: *"¡Esa es mi mujer!"*. Acto seguido, mi suegra entró en escena y se armó el alboroto.

De regreso en Nicaragua, mi suegra instaló primero la tienda *Kikatex*, que luego se llamó *Tienda La Familia*, con taller de confección de ropa. Mi suegro, por su parte, montó una carnicería y un negocio de fumigación que también prosperaron. Él recorría todo el país fumigando y, además, vendía la ropa confeccionada por mi suegra. Sin embargo, como era muy enamoradizo, ella lo sorprendió en más de una ocasión.

En Estelí, por ejemplo, descubrió que tenía un romance con una joven a la que engañó diciéndole que era soltero y quería casarse. Mi suegra, disfrazada de vendedora de joyas de oro, se presentó ante la supuesta novia con unos anillos, asegurando que los enviaba "el señor Gonzalo Ramírez" para que eligiera el de compromiso. Cuando la muchacha confirmó la historia, ¡otro gran escándalo!

El recuerdo de mi suegra

Mi suegra, que se portó conmigo como una madre, falleció en 2005. Patricia no pudo estar con ella porque estábamos en pleno trámite de nuestro estatus migratorio en EE.UU. No obstante, se llevó el consuelo de haber sido una hija abnegada, como la misma doña Nelly solía decir. Durante su enfermedad terminal fue atendida por otra de sus hijas, "La Nonga".

Ella convivió con todos mis hijos, excepto con Bryan, a quien no llegó a conocer. A mi hija Braxis, que tenía apenas ocho años, le pedía que siguiera a su abuelo y le contara con quién hablaba y qué hacía. Así era mi suegra con el *Hermanazo*. El legado que dejó es enorme: formó a sus hijas para ser buenas esposas y madres, y a sus hijos para ser mejores padres.

La muerte de mi suegro

Mi suegro murió en 2009, unos meses después de la muerte de mi padre, de un ataque al corazón. Fue un tanto dudoso, pues un mes antes había estado con nosotros en Pahokee durante uno de sus viajes a Estados Unidos. Lo extraño es que dejó en herencia una finca sin firmar el documento correspondiente; solo le pusieron la huella de su pulgar, pese a que convivía con otra mujer. Antes de su muerte, había sido revisado por mi amigo de toda la vida, el Dr. Gerardo Sánchez.

Mis cuñadas y cuñados guardan un recuerdo muy agradable de su padre. Y sí, era buena persona, aunque no conmigo. Lo entiendo: además, tuvimos una pelea estando ambos ebrios.

Una anécdota curiosa: apareció una fotografía de mi suegro y mi padre cuando eran muy jóvenes. En la foto, uno está en el extremo derecho y el otro en el extremo izquierdo, junto a sus compañeros del Ferrocarril del Pacífico de Nicaragua. Lo increíble es que, pese a estar en la misma imagen, ¡ellos nunca se conocieron! La foto la tenía mi suegro en su baúl de recuerdos.

Capítulo 6.21
Amigos de la tercera edad

Como han leído en los capítulos anteriores, siempre estuve rodeado y acompañado de amigos y amigas: en la infancia, en la adolescencia, en la juventud, en la universidad y en la vida adulta. Muchos amigos de todos los estratos de la sociedad y en cada comunidad en la que me desenvolví. Gerardo fue siempre mi mejor amigo.

Con el paso del tiempo, mientras uno va creciendo y relacionándose con otras personas, la vida va cambiando, y uno también cambia: algunos para bien y otros no tanto. Durante estos cambios, es fundamental tener muy firmes los valores morales recibidos de nuestros padres y benefactores, para no caer en tentaciones y mantener recto el camino.

Unos diez años antes de mi retiro conocí a una familia con la que, poco a poco, construimos lazos de amistad tan sólidos que se han mantenido hasta hoy. Ellos no son desconocidos para la familia León, a la que pertenece Patricia, pues tienen un vínculo de parentesco. Se trata del matrimonio formado por William e Irene Doña-Morice y sus hijos Bernardo, María Teresa e Irene Auxiliadora, descendientes de familias honorables del departamento de Rivas, Nicaragua. Irene es hermana de Dolores, viuda de Ernesto León, tíos de Patricia.

Con ellos hemos compartido momentos de alegría y de tristeza como si fuéramos una sola familia. Por eso, merecen un reconocimiento especial: amigos tan sinceros y leales en la tercera edad ya no son fáciles de encontrar.

Gerardo y su familia, junto con esta nueva familia que Dios me ha regalado, son mis dos tesoros de amistad. Como dicen las Escrituras: *"Encontrar un amigo es como hallar una aguja en un pajar"*. Y el Señor, en su misericordia, me ha puesto estas dos "agujas" en el camino para enseñarme lo valioso que es el don de la verdadera amistad.

PARTE II: LO MALO

Capítulo 1
Pesadillas

¡Ay, ay, ay! Aquí viene *lo malo*. Recuerden mi introducción a este relato. Comenzaré narrando desde mi infancia. Nada de lo que escriba en esta parte es digno de repetirse por alguien.

El niño, desde su inocencia, después de los cinco años y tras su bautismo, percibe lo que es bueno y lo que es malo… solo como percepción, nada más.

Cuando tenía alrededor de tres o cuatro años, todas las noches le comentaba a mi mamá que un hombre quería llevarme con él, algo así como robarme o secuestrarme. Gracias a Dios, mi madre me hizo caso. Me llevó donde Monseñor Vela Matamoros, párroco de la Iglesia Inmaculada Concepción de Masaya, quien era amigo de mi mamá.

El padre hizo una oración y una bendición, rociándome con agua bendita. Santo remedio: nunca más volví a tener esa sensación. ¿Sería el maligno que me acosaba y quería tenerme de su lado? Puede ser… pues yo siempre he sentido que tengo una atracción y una personalidad muy fuerte.

Capítulo 2: Escondiéndome

Cuando estaba en segundo grado de primaria, algunas veces —si no muchas—, en lugar de ir a la escuela me metía en un predio baldío cerca de la casa. Allí pasaba el tiempo jugando bolita e inventando la tarea para el día siguiente.

Entrar a ese predio no era fácil: en lugar de cerco tenía una loma de tierra de unos tres metros de altura, lo que hacía muy difícil el acceso. Pero yo me las ingeniaba para poder entrar y vivir mi pequeño mundo de fantasía.

Un buen día, mientras jugaba, escuché un silbido… ¡era el mismo con el que mi mamá solía llamarnos! Para mi sorpresa, era ella: estaba sobre la loma, en lo más alto, mirándome fijamente. Solo me preguntó:
—¿Qué haces aquí?

Y enseguida sentenció:

—A partir de mañana no me volverás a faltar a clase.

¿Cómo descubrió mi gran mentira? ¿Cómo supo que estaba allí? Nunca me lo dijo. Creo que algún conocido me vio entrar temprano y, al notar que no salía hasta la hora en que terminaban las clases, se lo comentó a mi madre. Sí, seguramente fue eso.

Doy gracias a Dios de que en esa época no me viera ningún acosador de niños, como abundan hoy en día. ¿Faltar a clase? ¡Nunca más! Me dolió más haber sido descubierto que regañado.

Mi primer grado lo estudié en una escuela privada, cuya directora era doña Olivia Urbina. Era muy estricta y tenía una gran regla con la que nos corregía cualquier falta. Eso les sirvió a mis hermanos… pero a mí no. Desde pequeño no me gustaba que me llamaran la atención ni que me mandaran; solo se lo permitía a mi mamá. Podría decir que era medio malcriado… Espero que ustedes sepan corregir esta *no virtud*.

Capítulo 3:
El Papaturro

¿Recuerdan que les hablé del árbol de papaturro? Era un gigante de ramas anchas y hojas brillantes que daban una sombra fresca, donde el aire parecía más suave y hasta el canto de los pájaros sonaba distinto. Su fruto, dulce y jugoso, colgaba tentador en lo más alto, como si se burlara de nosotros los niños.

Un día, mientras trepaba decidido en busca de esas delicias, me encontré encaramado en una rama a unos cuatro metros de altura. La adrenalina corría por mis venas como si estuviera en un circo. De repente, el destino me jugó una mala pasada: me resbalé.

En ese instante, entre el miedo y la rapidez del momento, hice lo único que mi instinto me gritaba: lancé el cuerpo hacia otra rama secundaria, como si fuera un mono en plena selva. ¡Y milagrosamente la atrapé con ambas manos! Me deslicé hasta el suelo en una acrobacia que, para mí, fue digna del Circo del Sol.

La hazaña no tardó en convertirse en moda. Todos mis amigos comenzaron a imitarla: subíamos, nos lanzábamos a la misma rama y bajábamos como trapecistas improvisados, aterrizando con sonrisas y risas estruendosas. Para nosotros era un juego emocionante; hoy lo veo como una auténtica locura.

Por eso advierto, con toda seriedad: ¡que ningún joven o adolescente intente semejante acrobacia! El peligro era real, aunque en nuestra inocencia no lo entendíamos.

Así fue como el papaturro pasó a la historia de mi niñez: como un escenario de aventuras, risas y riesgos que, gracias a Dios, no terminaron en tragedia. En aquel entonces apenas cursaba el cuarto grado de primaria, pero ya me creía todo un equilibrista.

Capítulo 4:
Intolerante e Irrespetuoso

En el Salesiano, cuando cursaba el primer año de secundaria, durante la hora del recreo —ese descanso intermedio alrededor de las 10 de la mañana para relajarnos de las clases—, tomé una bola de básquetbol y la lancé contra unos estudiantes que estaban leyendo el mural informativo de la escuela. Por supuesto, fue una mala acción.

El Padre Prefecto, que además era Director del colegio, me vio y de inmediato me hizo señas con el dedo para que me acercara. Sacó una cadena muy larga de metal, de esas que usaba para sostener sus llaves, y me dio un cordonazo en la espalda. Con agilidad logré esquivar el golpe completo, pero aun así me alcanzó, dejando un rasguño que me dolió bastante. ¡Ay!, si me hubiera dado de lleno...

Pasé a segundo año de secundaria, como ya conté en *Lo Bueno*. Sin embargo, no logré avanzar al tercer año: tuve que repetir segundo. Mi conducta seguía siendo irresponsable, y en particular fui muy irrespetuoso con la maestra de inglés, la señora Dina Bermúdez. La molesté todo el año, hasta el punto de que, un día, mientras ella escribía en la pizarra, le lancé un borrador. Ella se volteó justo a tiempo y esquivó el proyectil, que terminó golpeando la pizarra. Cuando me llamó la atención, tuve la osadía de decirle que "me iba a llevar a una de sus hijas".

Aquello fue demasiado. Me llevó directo a la Dirección, donde llamaron a mi madre. La profesora Dina, que era conocida de mi mamá, le explicó lo sucedido y concluyó que, por mi comportamiento, no me daría la nota para aprobar la clase. Así fue como repetí segundo año, únicamente por inglés.

Al año siguiente, la materia de inglés se impartía por la tarde, con el profesor Pablo Castillo (padre de Iván y Pablo). Para no aburrirme, me inscribí como oyente en la clase de Castellano correspondiente al tercer año, impartida en las mañanas por el doctor Enrique Peña Hernández. Nada de esto es motivo de orgullo; al contrario, lo cuento como advertencia: ¡por favor, que nadie siga mi ejemplo!

La parte más curiosa de esta etapa llegó después de una Semana Santa que pasé en el balneario de Huehuete, en Carazo. Acompañaba a mi hermana Elizabeth, quien había sido invitada por la familia de su novio —y luego esposo—, Carlos Jarquín. Estábamos bañándonos en una poza rodeada de grandes rocas de mar cuando, de repente, un pequeño pulpo se le pegó a la pierna. ¡Imagínense la alarma! Todos tratábamos de despegarle los tentáculos que se adherían con fuerza gracias a sus ventosas. Finalmente, logramos desprenderlo y lo lanzamos mar adentro.

Al regresar a clases, el doctor Peña Hernández pidió a sus alumnos que escribieran una composición sobre lo vivido durante la Semana Santa. Aunque yo solo era oyente de la clase, me animé a relatar con lujo de detalles aquella experiencia con el famoso pulpo. ¿Y qué creen? El doctor Peña Hernández mencionó mi trabajo como la mejor composición de la clase.

Decía algo así: **El Pulpo de Huehuete**

Era Semana Santa, y el mar de Huehuete estaba sereno, con sus pozas rodeadas de enormes rocas negras que parecían guardianes antiguos. Yo acompañaba a mi hermana Elizabeth, invitada por la familia de su novio, Carlos Jarquín.

De pronto, mientras nadábamos tranquilos, un grito desgarró el aire: —¡Ay! ¡Ayúdenme! —era Elizabeth.

Corrimos hacia ella, y lo que vimos parecía sacado de una película: un pequeño pulpo se había aferrado a su pierna con todos sus tentáculos. El animal, testarudo y decidido, se negaba a soltarla, apretando con sus ventosas como si quisiera llevársela al fondo del mar.

Todos entramos en pánico. Unos jalaban los tentáculos, otros gritaban sin saber qué hacer, y Elizabeth pataleaba desesperada. El pulpo, mientras tanto, parecía disfrutar la escena, pegándose más fuerte, como burlándose de nosotros.

Finalmente, tras varios intentos, logramos arrancarlo de su pierna y lo lanzamos mar adentro. Voló como proyectil, cayendo en el agua con un chapuzón que marcó nuestra victoria.

Hubo un silencio extraño, seguido de risas nerviosas. Elizabeth, todavía temblando, revisaba su pierna en busca de marcas, mientras yo pensaba: *"Este sí fue un Domingo de Resurrección adelantado, porque casi nos infartamos todos"*.

Nota mental

¡Quién iba a decir que un pulpo testarudo me daría uno de mis primeros reconocimientos como narrador!

Capítulo 5
El Malecón

A estas alturas de mi vida ya era *Coca-Cola* en el ambiente deportivo. Sí, así de una sola palabra, para no hacer propaganda a la bebida azucarada. Filin y yo teníamos la costumbre de no entrar a la primera hora de clases. En lugar de eso, nos sentábamos en una banca en la esquina noroeste del Parque Central, justo frente a la casa cural donde vivía Monseñor Vela Matamoros.

Allí esperábamos solamente para ver pasar, en un carruaje halado por dos caballos, a nuestras novias Maritza y Guadalupe, quienes iban rumbo al Colegio Santa Teresita, un colegio privado de mucho renombre en Masaya. Una vez que ellas pasaban, decidíamos si entrar al Instituto o si, más bien, nos íbamos al mercado. Y, siendo sinceros, muchas veces decidíamos lo segundo.

En el mercado comprábamos *frito* y *cabeza de chancho*, comidas típicas nicaragüenses originarias de Masaya. Luego pasábamos por una cantina —un pequeño lugar donde vendían guaro— y adquiríamos una botella del famoso compuesto de Pablito (similar al que preparaba mi abuelo). La cantina quedaba a dos cuadras antes de llegar al Hospital San Antonio y media cuadra al sur.

Ya con toda nuestra "carga", caminábamos hasta el Malecón, un parque situado frente a la Laguna de Masaya. Desde allí se tenía una vista impresionante de la laguna, del volcán Masaya, de la meseta y de la carretera Panamericana rumbo a Managua, a unos 29 kilómetros de distancia. Esa misma vista marcaba el camino que, en excursiones pasadas, yo había recorrido bajando desde el volcán hasta la laguna.

Nos sentábamos bajo un gran árbol, abríamos la botella del compuesto de Pablito y, entre trago y trago, saboreábamos la comida típica. Nada bueno aquello, éramos muy vagos. Menos mal que logré pasar el año, aunque únicamente aprobé una clase: inglés. Ya ni qué decir… ¡hubiera sido el colmo no pasarla!

Llegó el tercer año. Gerardo ya estaba en cuarto, mientras que yo entraba al tercero A del INMA; él estaba en el segundo B, pero aun así salíamos juntos a pasear por Masaya. Muchas veces tomábamos cerveza los domingos en el Teatro Masaya, justo después de la misa y antes de que Gerardo fuera a visitar a su novia Janette.

Por esos días comenzaba a sonar con fuerza el grupo musical de Gerardo, *Los Signos del Zodiaco*. Una vez los acompañé hasta Estelí, ciudad norteña de Nicaragua, donde tenían un contrato para tocar en una fiesta importante. El transporte en el que viajábamos se descompuso en el camino, pero el abuelo de Gerardo, don Adán, rápidamente consiguió otro vehículo y logramos llegar, aunque con cierto retraso.

Al bajar del camión, me encontré con dos muchachas muy bonitas, conocidas mías, y me puse a conversar con ellas. Justo en ese momento apareció don Adán, quien, al verme sin ayudar en la descarga de los instrumentos musicales, me regañó fuerte frente a ellas. Me quedé mudo, atónito y con una vergüenza increíble. Después, los hermanos de Gerardo, Andrés y Adán, no paraban de hacerme bromas sobre el episodio, y terminamos todos riendo a carcajadas.

Capítulo 6
El insurgente

En tercer año tuve amistad con un compañero de clase de quien, francamente, no recuerdo el nombre. Él me hablaba constantemente de los problemas políticos que atravesaba Nicaragua, calificando al general Anastasio Somoza, presidente de la República, como un dictador y asesino de ciudadanos nicaragüenses para mantenerse en el poder. Me contaba también que el Dr. Pedro Joaquín Chamorro y otros políticos de renombre, como el Dr. Fernando Agüero Rocha, estaban en contra del régimen somocista, y que nosotros, como jóvenes, debíamos tomar partido frente a esas irregularidades.

Yo, sin embargo, cuando iba a Managua, veía otra cara: comercio en expansión, un movimiento creciente y precios baratos. ¡Ah! Pero lo cierto es que la dinastía Somoza se mantenía en el poder desde 1934, tras el asesinato del general Augusto C. Sandino a manos de Somoza García. Mi compañero me repetía que ya era hora de que los Somoza pagaran por todo lo que habían hecho.

Como todo joven rebelde —entre los 15 y 19 años—, me dejé influenciar. A esa edad somos volubles, receptivos a nuevas ideas y, por naturaleza, inconformes con el entorno en el que vivimos. Así fue como me fui introduciendo en un movimiento de jóvenes ansiosos de un cambio político y de gobierno en Nicaragua.

Éramos varios compañeros de estudio, pero recuerdo especialmente a Iván Castellón Bartosh, quien me llevó a conocer al señor Aldo Vega, un reconocido y acérrimo enemigo de todo lo que oliera a Anastasio Somoza Debayle y a su Partido Liberal. En la casa de Aldo nos reuníamos por las tardes, en un amplio patio, y allí leíamos literatura revolucionaria. Uno de los textos más impactantes fue el libro *Noches de Tortura* del Dr. Clemente Guido, opositor de Somoza Debayle. Era un libro de circulación restringida que relataba el asesinato, en 1956, del general Anastasio Somoza García —padre de Luis y de Anastasio Somoza Debayle—, y la posterior venganza de este último contra cualquier persona sospechosa de oponérsele.

El grupo fue creciendo y nuestras reuniones se trasladaron al Malecón de Masaya, donde yo solía ir con Filin a tomar el *compuestito* y a comer cabeza de chancho, cuidando siempre de no ser detectados por la Guardia Nacional. Entre 1970 y 1972, años convulsos para el país, los estudiantes universitarios, junto con los de secundaria, se tomaron colegios, universidades e incluso iglesias católicas en protesta contra el gobierno, por múltiples razones económicas y políticas.

Yo, como un buen "soldado" revolucionario, participé en la toma del INMA y de la iglesia de San Jerónimo, en mi propio barrio. En mi familia, yo era el único rebelde. Recuerdo que uno de los líderes de estas acciones se llamaba Javier Moncada —coincidencia con el nombre de mi hermano—. La confusión llegó al punto de que el Dr. Cornelio Hueck, reconocido político somocista de Masaya, llamó a mi madre para pedirle que, por favor, su hijo Javier no se metiera en esas tomas. Mi madre, sorprendida, le explicó que se trataba de otro Javier Moncada y no de su hijo. Gracias a Dios, logré salvarme de una acusación injusta.

Aun así, mi madre me pidió que me apartara de esas andanzas. Lo hice, pero solo a medias, pues continué participando en manifestaciones callejeras. Durante la toma del INMA, por ejemplo, un grupo de militares retirados somocistas, conocidos como *AMROCS*, se presentó en la entrada con armas en mano, intentando romper las puertas y entrar para doblegar a los estudiantes. No lo lograron porque el pueblo, aglomerado en las afueras, lo impidió. De haber entrado, aquello habría terminado en una matanza.

La huelga nacional se extendió por una semana, hasta que el gobierno cedió algunos de los puntos demandados, entre ellos el retiro del Padre Pallais como rector de la UCA.

Capítulo 7
Probando, Probando

Siguiendo con el relato, todavía en tercer año, solía hacer travesuras pesadas a algunos profesores. Una de ellas era poner chinches en las sillas, con la punta hacia arriba, de modo que cuando el maestro se sentaba se hincaba las nalgas y daba un brinco gritando: "¡Ay, ay!". Otra ocurrencia era escupir saliva sobre el escritorio. ¡Qué barbaridad! Yo molestaba demasiado.

Recuerdo que, tras una de esas acciones, el maestro nos mandó a formar en una sola fila, uno detrás de otro, como castigo, y nos advirtió que permaneceríamos allí hasta que alguien confesara quién había puesto el chinche y la saliva. Nadie abrió la boca. En silencio, como un apoyo a este vago, todos aguantaron hasta las tres de la tarde.

Lo sé: en esa etapa increíble de la pubertad hacia la juventud adulta —una etapa maravillosa, pero también rebelde— uno comete muchas imprudencias. Por eso, los adultos debemos estar atentos a los cambios de comportamiento en los adolescentes. Nosotros ya vivimos lo mismo, y hay que recordar que fuimos como ellos son ahora. Orientar, aconsejar y guiar es lo mejor, pero sin pleitos ni gritos.

Hoy, al mirar hacia atrás, recapacito y me digo: si hubiera sabido que todos los cambios políticos de un país suelen reducirse al refrán de "quítate tú para ponerme yo", no me hubiera metido en "camisa de once varas". Como decía mi "Mochito", Rosa Estebana Alfaro Mora —prima hermana de mi madre y descendiente de Rafaela Herrera—: *"Nadie escarmienta en cabeza ajena"*.

Al llegar al cuarto y quinto año salía con muchos amigos de diferentes estratos sociales a tomar licor, generalmente los fines de semana. Jugaba de goma y exigía al máximo a mi condición física. En el Instituto existía una tradición peligrosa: cada año tirábamos a los recién bachilleres a las piletas del Parque Central, frente al colegio.

En quinto año probé pastillas para dormir y marihuana. Gracias a Dios, no me gustaron; preferí el licor. Pero ahora sé que ninguno de los dos es bueno. Eran tiempos de rock, de hippies y del amor libre.

En cuarto año, durante uno de los paseos escolares al Volcán Masaya, fuimos en el autobús del colegio, conducido por el inspector y chofer oficial. Al terminar la excursión, el bus debía esperarnos, pero nunca llegó. Estuvimos casi tres horas aguardando. Finalmente, decidimos regresar caminando los ocho kilómetros que separaban el volcán de Masaya.

Cuando ya íbamos cerca de Nindirí, a dos kilómetros de la ciudad, apareció finalmente el autobús. El chofer pidió que subiéramos, pero todos nos negamos: ya habíamos caminado bastante y nos pareció una falta de respeto. La protesta llegó al Consejo de Dirección del colegio, donde exigimos su despido. Elegimos como representante a un estudiante, Jims Sandoval (QEPD), con un único mandato: pedir la destitución del chofer.

Pero Jims aceptó otro arreglo con la Junta, que impuso solo un leve castigo. El asunto quedó en el olvido, pero Jims nunca volvió a representar a los estudiantes. Después supimos la razón: era cuñado del chofer.

Capítulo 8
El Bachillerato-Pasión

¡Llegó al fin el Bachillerato! Desfilamos todos los graduandos en una gran ceremonia en el INMA. Cada uno caminaba acompañado de sus padres: las féminas con su padre y los varones con su madre. Fue la XXV *Promoción de Bachilleres "Manuel Rocha Marenco"*, en la que se graduaron alrededor de quince parejas de hermanos.

Para celebrarlo, fuimos al restaurante Tip Top, de la familia Rosales, en Masaya. Estábamos Roger Abaunza, Rodolfo "Pepe" Miranda Escobar, Donald y Aníbal Noguera y yo.

Por supuesto, al llegar a la Universidad seguí en el mismo tren de vida. Cuando terminé mi relación con mi novia Odilie entré en una depresión —*cavanga*, decimos nosotros—, algo que ya conté junto con el consejo que me dio mi madre. Sin embargo, esto no me llevó a beber en exceso, pues solo lo hacía muy de vez en cuando.

En el tercer semestre de la Universidad viví tiempos de pasión: se despertó mi sensualidad, disparándose como un cohete. ¡Menos mal que no me hice sacerdote! Dividía mi tiempo después de clases entre mi novia y mis maestros, con quienes ocasionalmente salía a tomar licor. Con ella —quien trabajaba mientras estudiaba— salíamos a los mejores restaurantes de Managua y después…

Lo siento, Patricia. Es mi historia, lo que viví. Tú sabes que eres la escogida por Dios para mí y yo para ti.

Capítulo 9
Resultado del Licor

En cuarto año de mi carrera profesional, después de salir de la casa de mi maestro, el Ing. Roberto Fajardo, estuvimos consumiendo licor junto con él y mi amigo Javier Will. Terminamos bastante tomados. Fui a dejar a Will a su casa y luego salí hacia Masaya en mi auto Fiat.

Al llegar a Nindirí, encontré un camión de acarreo descompuesto y mal estacionado sobre el carril por el que yo venía. Al verlo giré el timón hacia la izquierda, pero no logré esquivarlo: impacté la parte derecha del frente de mi auto contra la plataforma del camión, lanzándome con todo y vehículo hacia el carril contrario. Con gran bendición, no venía ningún carro en ese momento. Mi auto dio tres fuertes saltos debido al impacto y, gracias a Dios, no se volcó. Hubiera sido fatal. Como decimos en el lenguaje popular nica: *"no estaba en la raya"*.

Logré enderezar el vehículo y seguí mi camino, aunque con el chirrido metálico que delataba la magnitud del choque, hasta llegar al garaje donde lo estacionaba. Al revisarlo, ya no tenía foco derecho, guardafango, máscara frontal y otras piezas dañadas. La broma me costó alrededor de 1,500 dólares de aquellos tiempos.

Al llegar a la casa lo primero que hice fue confesarme con mi madre. Ella me aconsejó de una manera tan amorosa que no me sentí mal por el accidente, sino por el amor inmenso que me manifestó en ese momento, un amor que sentí que no merecía.

Finalizando el cuarto año, en el segundo semestre de 1978, la situación política del país estaba cada vez más convulsa: Nicaragua hervía como uno de sus catorce volcanes, tras el asesinato del Dr. Pedro Joaquín Chamorro. En protesta, las universidades fueron tomadas, y yo participé en la toma de la UCA, siendo miembro de la Directiva. Recuerdo que allí estaban Adrián Meza, Carlos Velázquez, Óscar Miranda, Alejandro Pérez Arévalo hijo, Miriam Ramírez Hebe y muchos otros estudiantes. La huelga duró aproximadamente quince días.

En esos años, 1977 y 1978, cuando salía de Managua hacia donde mi novia y luego a Masaya, generalmente después de las diez de la noche, coincidía con los enfrentamientos entre comandos del FSLN y la Guardia Nacional. Muchas veces entré con mi carrito Fiat bajo ráfagas de balas hasta el lugar donde lo estacionaba. Luego debía cruzar los patios de los vecinos para llegar a mi casa sano y salvo.

Yo vi con mis propios ojos las balas al salir de los fusiles: como era de noche, se apreciaba claramente la chispa al dispararse desde el cañón. Esta aventura la viví muchas veces, pero nunca se sabía cuándo los insurgentes del FSLN iban a atacar en Masaya.

Y como dicen en mi pueblo: *"un par de tetas jalan más que una carreta de bueyes".*

Capítulo 10
La Venta de Mi Casa

En 1984 estaba trabajando en el Ingenio Javier Guerra. En mi casa vivíamos mi papá y yo. Digo *mi casa* porque fue en la que nací, y siempre creí que, por ser el hijo menor, me quedaría a mí. Era la casa del gran patio que, finalmente, mi papá decidió no conservar para evitar problemas con los vecinos del fondo de la propiedad.

La casa estaba a nombre de mi padre, no al mío. La verdad, no sé por qué motivo se le nubló la mente con la idea de venderla. Mi hermano Miguel le hizo una oferta de compra, pero mi papá no estuvo de acuerdo. Si la hubiera aceptado, al menos la propiedad habría quedado dentro de la familia. Pero no: se la vendió a un señor que trabajaba en un banco comercial.

Me mudé entonces a vivir a la casa de mis abuelos, que era contigua a la que acababa de venderse. Solo recuerdo haberle preguntado a mi papá:

—¿Estás seguro de lo que estás haciendo?

Y él me contestó que sí.

Me quedé sin casa. La perdí. Y reconozco que yo tampoco tenía la mente clara: estaba pasando por tiempos difíciles, recién separado de la mamá de César Ricardo, con la presión de demostrar que podía resolver los problemas del ingenio, enamorado de Patricia mientras su padre me hacía la guerra, y además, tomando mucho licor. No tenía cabeza para lidiar con la situación ni para impedir la venta de la casa.

Lo que ocurrió después con la casa de mis abuelos Moncada, te lo narraré en la Parte III: *Lo feo*.

Capítulo 11
En la Cárcel

El **19 de marzo de 1985** fui sacado violentamente por cuatro militares de mi oficina, donde estaba dirigiendo el Consejo de Zafra del Ingenio Javier Guerra. Me montaron en un *jeep* UAZ de fabricación soviética, con cuatro militares custodiándome. Me quedé sin palabras, preguntándome qué significaba ese atropello.

Me llevaron al cuartel militar de Nandaime y me ordenaron sentarme en una banca mientras "recibían más órdenes". Muchas personas me vieron en esa situación; entre ellas, Leonor Dumas, trabajadora de mi suegra (y después de nosotros, Patricia y yo). Le avisaron a mi futura suegra, doña Nelly León, y ella a Patricia, mi novia.

Tras **hora y media** allí, me subieron a otro *jeep* militar y me trasladaron al edificio de Procesamiento Policial en la ciudad de Granada, a unos 20 km de Nandaime. Permanecí alrededor de dos semanas junto con delincuentes comunes. No sabía nada: no tenía información del porqué de mi detención.

A mediados de esa semana, intentaron verme Patricia, su mamá y la hermana de Patricia, María Leonor —a quien todos llamamos *Nonga*. Posteriormente la llamé mi *gran hermanaza*, porque me acompañó durante todo el proceso junto con Patricia y mi suegra. Me enteré de ese intento de visita porque un militar llegó a mi celda a informármelo y dijo:

—*Te vino a ver tu novia, pero estás incomunicado. Qué lástima, tan bonita que es y no la vas a poder tener.*

En esas condiciones me sentí derrotado: era tortura anímica y mental.

La celda no tenía privacidad: éramos unas veinte personas en un espacio reducido. El servicio higiénico no tenía puerta ni inodoro; hacíamos nuestras necesidades en un hoyo donde supuestamente estaría el sanitario. Junto al hoyo, en la parte alta de la pared, salía un tubo que funcionaba como regadera.

Una noche me llevaron a una habitación donde un militar me interrogó. Querían saber si ciertos funcionarios del ingenio robaban y cuál era su *modus operandi*. Me quedé mudo: ¿de qué me hablaban?

—*Mirá, si colaborás con nosotros te vamos a tratar bien y podés salir* —me dijo.

Sus palabras me hicieron recordar que en 1984 la estructura política del FSLN en la IV Región —mi zona— quiso convencerme de ir a combatir a la montaña contra la contrarrevolución armada; casi lo logran. Me prometieron que, al volver, podría ser Gerente General del ingenio. Al enterarse, el Ing. **Eduardo Holman Chamorro**, Director Regional del MIDINRA, me mandó a decir que dejara esas locuras, que mi trinchera era la Gerencia de Producción. *Uff, qué alivio*. Casi me convencen.

Volviendo al interrogatorio: como no escucharon lo que querían, volvieron a atacarme por lo emocional, hablándome de mi novia: que no la volvería a ver, que se casaría con otro, y así sucesivamente.

Fui trasladado de Procesamiento Policial a la cárcel **La Granja**, aún sin cargos formales. La Granja era una construcción de madera con dos grandes pabellones, cerrados con malla metálica, semejantes a un gallinero —de ahí el nombre. El pabellón donde estaba tenía tres celdas: una para militares presos por violar sus propias leyes; las otras dos para presos comunes. El otro pabellón, completo, era para delincuentes criminales. Mi celda quedaba entre las dos primeras; había alrededor de cuarenta detenidos.

Diariamente nos sacaban al patio para pasar lista —tres o cuatro veces al día—; luego supe que era para controlar que nadie escapara. Si necesitábamos dirigirnos a un militar, debíamos hacerlo con: *"Compañero combatiente"*; y, para responder, *"¡Sí, señor combatiente!"*.

Nos permitían baño una vez por semana, a las cuatro de la mañana. Tomábamos el agua de un tanque horizontal de hierro, a ras del suelo, con la boca de hombre abierta. De ese mismo tanque bebíamos. Un día pidieron voluntarios para lavarlo por dentro; me ofrecí para poder bañarme. Entré con cepillos plásticos y, para mi espanto, estaba lleno de gusanos. ¡De esa agua había tomado tantas veces!

Una vez por semana nos llevaban a las montañas cercanas a recoger leña para la cocina, muy bien custodiados. Decían que el preso no tenía derechos ciudadanos y que, si había un ataque de EE. UU., seríamos los primeros en ser ejecutados.

Los sanitarios eran una batería de doce orificios, a un metro entre sí, sin paredes ni agarraderos: todos a la vista de todos. Si a alguien le daban ganas fuera del horario, debía hacerlo en la parte trasera de la celda y envolverlo en papel periódico. Una vez fui a aquella batería sin muchas ganas; al forzarme, me desmayé y me llevaron a la enfermería. Así conocí más de las instalaciones y vi a los militares presos construyendo la nueva cárcel de concreto que sustituiría pronto a La Granja.

En Procesamiento escribí varias cartas a Patricia y a mi hermano Miguel, pidiéndoles que contactaran a **Jorge Correa y Jims Sandoval**, ambos abogados: Jorge, mi gran amigo; Jims, compañero desde secundaria.

La primera vez que me llamaron al juzgado para leerme cargos, mi hermano Miguel llegó a buscarme a La Granja para llevarme a Granada. Venían Jorge, mi cuñada Tere y el custodio. En el camino le pregunté a Jorge de qué me acusaban: **peculado, asociación ilícita para delinquir y abuso de confianza.**

—En síntesis —pregunté—, ¿qué significa?

—Robo al Estado —respondió.

—¿Y eso cuántos años son?

—Siete como mínimo.

Me quedé estupefacto. Le dije que yo no había cometido nada de eso.

En el juzgado me encontré con **José Díaz**, Gerente General del ingenio; con el Administrador; con el Jefe de Campo, **Hernán Membreño**; con el comprador del ingenio, de apellido **Amador**; y con **Diógenes Carranza** y **Vanegas**, dirigentes sindicales. Todos estaban presos, con los mismos cargos. Los abogados nos explicaron que la rama política del FSLN de la IV Región había presionado para detener a los profesionales de empresas confiscadas: Ingenio Javier Guerra, MICONS, PLASTINIC y ENABAS. Era una trama política que dañaba nuestra reputación.

En el caso del Javier Guerra, el Ing. **Miguel Gómez** —conocido mío y de mis hermanos, y mi profesor de Máquinas Térmicas en la U— puso la denuncia bajo presión, pero en su declaración habló bien de mí. Gómez había sustituido recientemente al Ing. **Eduardo Holman** como Director Regional del MIDINRA, pues a Eduardo lo ascendieron a Viceministro.

Mi abogado, **Jims Sandoval**, pidió citar a declarar a mi favor al Ing. **Edgar Vargas** (Director de la Industria Azucarera de Nicaragua), al propio **Miguel Gómez** y al Ing. **David Morice** (Administrador del Ingenio San Antonio). Sus testimonios fueron unánimes sobre mi trabajo en el Ingenio Javier Guerra.

La parte acusadora llevó a algunos trabajadores. En el interrogatorio del juez salió que "el Ing. Julio Moncada tomaba mucho licor, andaba tomando en el vehículo estatal con chofer y le había mordido el cachete a una secretaria". Aquello provocó risa general, incluso del propio juez sandinista, por lo absurdo.

Estuve detenido **tres meses**. El **30 de mayo de 1985** el juez **Agustín** dictó absolución total y orden de libertad para todos los detenidos; los políticos del FSLN se opusieron, pero el juez mantuvo la sentencia. Salimos de La Granja el **3 de junio**. Patricia, su mamá y *Nonga* me recogieron para viajar a Nandaime. Desde esa fecha me quedé viviendo allí, en una de las casas de mi futura suegra. Mi abuelita Julia siguió en su casa hasta su muerte.

Edgar Vargas me llamó para trabajar en la Dirección de Azúcar; al ver que nadie del MIDINRA se disculpaba por el error cometido conmigo, **Jaime Downing**, mi mentor, llamó a Edgar y pidió que me fuera a **POLYCASA**. Incluso me llamó a Nandaime, averiguando el número de doña Nelly. Acepté ir con el Dr. Downing como Jefe de Planta (el Gerente de Producción era entonces el Ing. **Tomás Urroz**, quien me había sustituido en 1980 cuando me fui a ATCHEMCO). Trabajé con el Dr. Downing seis meses; vi que la empresa estaba bloqueada internacionalmente y decayendo como líder centroamericano. Para no herir susceptibilidades, le dije que me iría a México a cursar una maestría en destilación, y le sugerí que la planta de POLYCASA podía destilar alcohol y que el secador de resina PVC podía servir para secar azúcar. Llamé a **Edgar Vargas** y le pregunté si aún podía ir a la Dirección de Azúcar.

—Apurate —me dijo—, *que para luego es tarde*.

Capítulo 12
El Robo

Cuando entré al Ingenio Javier Guerra ya era un fuerte consumidor de licor. Y en los ingenios no había excepción: Nicaragua, Cuba, México y también en Estados Unidos, en 1991 y 1992. Sin embargo, en 1994 decidí dejar totalmente de beber, y mantuve esa promesa durante quince años. Volví a romperla en el 2010, ya en Estados Unidos, pero de manera muy esporádica y en baja intensidad, nada parecido a lo de antes.

En el año 2004, en **Miami Beach**, estacioné mi carro en una zona pública de parqueo en la calle. Al regresar, me encontré con que habían quebrado el vidrio de la puerta del lado del conductor y se habían robado mi mochila con todos mis documentos importantes: licencia de conducir, tarjeta del Seguro Social, tarjetas de crédito, entre otros.

Rápidamente llamé a las compañías de las tarjetas para reportar el robo y —¿qué creen?— ¡ya las habían usado! Todas fueron bloqueadas de inmediato.

Lo más sorprendente es que viajé sin licencia de conducir, desde Pahokee al Ingenio Okeelanta, durante casi **cinco años**.

Un compañero de trabajo me comentó que él había arreglado su estatus legal por medio de asilo político, y que quien lo había ayudado era una supuesta iglesia llamada *Protocatedral de la Iglesia Católica*, dirigida por un señor llamado Peter. Nada que ver con la Iglesia Católica.

Capítulo 13
Peter y USCIS

Para resolver mi situación migratoria y la de toda mi familia —ya Bryan había nacido en 2006— me presenté en octubre de 2008 a las conferencias que impartía un señor llamado Peter. El requisito previo era asistir un domingo a una Misa celebrada por él mismo. Allí nos dimos cuenta de que Peter no era sacerdote, sino un hombre casado y abuelo.

Al terminar la misa debíamos registrarnos en un libro para poder asistir a su conferencia. Esta duraba cuatro horas continuas, en las que Peter hablaba sin cesar, explicando cómo obtener la residencia en Estados Unidos por medio de la petición de asilo. Contaba con un equipo de colaboradores y abogados aparentemente bien entrenados en el tema. Por sus servicios cobraba la "módica" suma de 300 dólares. Al final, no parecía un mal precio. Acepté, y comenzamos el proceso.

Primero llenamos un borrador con las respuestas al formulario de petición de asilo de **USCIS**. Luego, su equipo transcribió a máquina toda la documentación para ser presentada formalmente. Una vez entregado el formulario, comenzó a correr el tiempo de 150 días requerido para poder solicitar el permiso de trabajo.

En 2009 fui citado por USCIS para una entrevista con un oficial de asilo. Durante el interrogatorio salió a relucir mi tarjeta de Seguro Social, mi permiso de trabajo y el lugar donde laboraba. Expliqué todo sin ocultar nada, tal y como había sucedido. Sabía que si uno miente, "fiush, estás frito", porque a los oficiales no se les escapa nada.

Me pidió el permiso de trabajo y, al revisarlo, me dijo de inmediato:

—*Es falso.*

Quedé perplejo. Yo no sabía que lo era; recordarán, estimados lectores, cómo lo había obtenido años atrás. Sin embargo, el oficial me dijo:

—*Por no haber mentido y por decir toda la verdad, le daremos otra entrevista. Explique dónde y cómo conoció al señor Richard, el haitiano. Su tiempo seguirá corriendo, no lo detendremos.*

En la segunda cita entregué toda la información solicitada y, al cumplirse los 150 días, pude iniciar el proceso para obtener nuevamente permisos de trabajo, tarjetas del Seguro Social y licencias de conducir. ¡La alegría de mi familia fue inmensa! Dicen que a casi nadie le ocurre algo así en Inmigración… pero nosotros nunca dejamos de orar. ¿Será que Dios nos ayudó? Querido lector, respóndase usted mismo.

Y vean cómo obra el Señor: al día siguiente de recibir por correo mi primer permiso de trabajo de USCIS, fui llamado por el señor Báez, Gerente de Recursos Humanos de Okeelanta. Me dijo que mi permiso de trabajo estaba vencido ¡desde hacía seis años! y que debía demostrar de inmediato cuál era mi estatus legal. En ese momento yo me encontraba en Miami con mi esposa Patricia y mi cuñada María Leonor, "La Nonga". Viajamos de inmediato a Okeelanta, y allí le mostré mi flamante permiso de trabajo. Báez lo observó sorprendido y constató que era legítimo. Se rumoraba que yo estaba ilegal. ¡Ufff, qué alivio! ¡Gracias a Dios! Era el año 2010.

Mi permiso se renovaba cada año. En 2011 ocurrió un contratiempo: quizá un olvido de mi abogado. Okeelanta me llamó para que llevara el nuevo permiso, pues el anterior había vencido. Me presenté ante Báez y le expliqué la situación. Entonces, con gran generosidad, me dijo que tomara el tiempo necesario y que, cuando obtuviera el nuevo permiso, mi trabajo me estaría esperando. Una bendición de

Dios. Esto no es común en Estados Unidos a menos que se tenga un respaldo muy fuerte... pero yo sé que mi respaldo era el mismo Dios.

Tuvimos que reiniciar todo el proceso. Volvimos a la Corte de Inmigración, donde la honorable jueza Illeana Torrez-Bayouth nos concedió seguir obteniendo permisos de trabajo mientras se resolvía la petición de asilo. Tras siete meses de espera, finalmente llegó por correo el permiso renovado. Regresé a Okeelanta, y Báez me reintegró a mi puesto como **Supervisor de Producción**.

Aclaro que durante esos siete meses todos los gastos del hogar fueron asumidos entre mis hijos, quienes ya trabajaban y aportaron generosamente. Patricia, además, preparaba semanalmente nacatamales —ese delicioso platillo típico nicaragüense— que yo vendía a los trabajadores de la refinería los jueves, con la autorización de los altos jefes de Okeelanta. Así, no solo manteníamos el hogar, sino que yo aprovechaba para presentarme cada semana, mostrando mi rostro y recordando mi compromiso, porque había muchos profesionales e ingenieros detrás de mi puesto esperando ocuparlo. ¡La bendición fue que Okeelanta me esperó!

En ese tiempo, el Padre John me ofreció ayuda económica. Pero, movido por el Espíritu Santo, le agradecí y rechacé el ofrecimiento, diciéndole que confiábamos plenamente en la Divina Providencia. Y así fue: ¡*Emmanuel*!

Todo esto lo relato para mostrar las vicisitudes y angustias que pasamos durante 18 años, en los que año con año —y luego cada dos— me renovaban el permiso de trabajo en la categoría **C(8)**, es decir, pendiente de asilo. Finalmente, gracias a Dios, en el año 2023 Patricia y yo arreglamos nuestra estadía legal por medio de la petición de hijo a padre.

Hoy, con mis hijos profesionales y tres de ellos casados, puedo decir que esperaron primero graduarse de la universidad y luego casarse. Y así lo cumplieron, como ejemplo de orden y responsabilidad.

Capítulo 14
Mi Retiro

No debí haberme retirado… aunque tampoco me arrepiento. Es un pensamiento común después de dejar el trabajo, porque uno entra en una etapa muy distinta de la vida. El casado pasa las 24 horas con su esposa —si ella es ama de casa, como en mi caso—, y el soltero suele aburrirse rápidamente. Afortunadamente, ese no fue mi caso.

De los 18 años que trabajé en Okeelanta, solamente en 2 (no consecutivos) pasé las navidades y el Año Nuevo con mi familia. Durante los primeros años, el supervisor con mayor antigüedad tenía derecho a pedir vacaciones en diciembre, y así lo hizo uno de mis compañeros durante seis años seguidos, hasta que se retiró. Luego, el segundo en antigüedad las tomó durante tres años más, hasta su retiro.

Debido a estos inconvenientes, la empresa decidió rotar las vacaciones de diciembre comenzando por los más antiguos. Yo quedé como segundo en la lista. Finalmente, la compañía resolvió que ningún supervisor de Producción podría salir en diciembre; las vacaciones debían prorratearse durante los otros meses del año.

Los dos únicos años que logré estar con mi familia en esas fechas se debieron a mi *schedule* de turnos. Cada mes, los supervisores teníamos siete días libres repartidos en bloques de uno, dos y cuatro días. En 2017, gracias a esa rotación, me correspondían cuatro días de descanso justo en las fiestas de fin de año. Sin embargo, un supervisor recién llegado pidió esas fechas como vacaciones. Me llamaron con Báez para pedirme que cediera mis días libres en sustitución de ese nuevo supervisor. Por supuesto, no tuve opción de negarme. Solo le dije a Báez con firmeza:

—El 30 de mayo de 2018 será mi último día de trabajo. Ese día me retiro.

Y así fue. Mi última semana de labores coincidió con el turno nocturno, de 11 p.m. a 7 a.m. Me despedí a lo grande cada día, con la satisfacción del deber cumplido.

Me retiré a los 62 años y medio, solicitando el **Social Security Retirement**, y esperé hasta cumplir los 65 para aplicar al **Medicare**, tal como establece la ley.

Quiero recordar también un episodio importante: en 2004 los trabajadores de Okeelanta entraron en huelga. Los supervisores tuvimos que sostener la producción de azúcar sin detenerla, haciéndonos cargo de todas las labores que normalmente realizaban los obreros. Fueron aproximadamente cuatro días intensos, pero realizamos un trabajo excelente. Se formaron dos turnos: yo dirigí el de la noche, de 7 p.m. a 7 a.m., y el de día, de 7 a.m. a 7 p.m., estuvo bajo la responsabilidad del ingeniero Alejandro Morales, quien hoy en día es el Gerente General de la Refinería.

Capítulo 15
Mi tiempo libre

(Flagstaff – Albuquerque)

A finales de 2018 nos fuimos todos de vacaciones a California. ¡Ah! Okeelanta me regaló, por mis 18 años de servicio y por retirarme, un *carry on* y un hermoso reloj Seiko, además de la compensación económica correspondiente, que pedí en *lump sum*. Nada extraordinario, pero muy justo.

Viajamos por tierra Patricia, Bryan y yo; el resto de la familia lo hizo en avión. Al año siguiente compré con anticipación un nuevo pasaje para California, pero —¿qué creen?— para la fecha del vuelo aún no me había llegado la renovación del permiso de trabajo. Tuvimos que separarnos: Patricia con las hijas y Bryan por avión, y yo con Julio Jr. y Gonzalo por tierra.

Pasando por Flagstaff, Arizona, vimos por primera vez la nieve. Le dije a Julio que estacionara para tocarla y jugar un rato. Nos detuvimos en un cruce, pero antes de bajar del auto se nos parqueó a la par una patrulla. El oficial nos explicó que estaba prohibido estacionarse allí porque era un espacio exclusivo para uso de emergencias. Yo intenté explicarle que éramos de Florida y que nunca habíamos visto nieve. Entonces, con firmeza, me dijo que él debía hablar con el conductor, no conmigo. De inmediato me regresé al asiento porque mis documentos estaban vencidos, esperando la renovación. Corolario: multaron a Julio.

Al llegar a Albuquerque, Nuevo México, nos hospedamos en un hotel Hilton. Esa misma noche, en el parqueo del hotel, unos delincuentes quebraron la ventana trasera izquierda del carro y robaron mi computadora y una guitarra que llevaba como encomienda de Elia María, prima de Patricia. ¡Qué chasco! ¿Cómo le diría a Elia que se habían llevado su guitarra? ¿Me creería? Hasta hoy me queda la duda de que no me creyó del todo.

Ya en California, nos hospedamos en la casa de Braxis, hermana de Patricia, en la ciudad de Milpitas. Allí nos quedamos Patricia, Bryan y yo; el resto regresó antes en avión a Florida. Nosotros permanecimos tres meses y, en ese tiempo, pudimos jugar en la nieve en un parque recreativo antes de llegar a Reno, en Lake Tahoe, Nevada.

Nosotros ya habíamos estado en ese lugar en 1991, durante un viaje de vacaciones. Finalmente, regresamos a Florida por tierra en febrero de 2020, poco antes de que estallara la pandemia del Covid-19.

Capítulo 16
Algunas cosas que hice en mi tiempo libre

(Oxbridge – PBMA – Cerveza)

En octubre del 2022, por pura bendición, comencé a trabajar en **Oxbridge Academy** como maestro sustituto *on call* — término corto. Y digo por pura bendición porque mi hijo, Julio César, había trabajado en esa misma institución como sustituto permanente durante toda la pandemia (2020-2021), impartiendo la clase de Español en lugar de **Mrs. María Morice**, gran amiga nuestra.

Cuando apliqué, supusieron que era mi hijo, pero rápidamente se aclaró la confusión. Para mi suerte, Julio había hecho un excelente trabajo y su reputación me abrió el camino. Ese año escolar me llamaron pocas veces: una vez por semana, a veces dos, y en las mejores semanas hasta tres. Lo mejor fue la buena química que hice con los estudiantes, aunque yo buscaba algo más fijo.

Para el ciclo escolar 2023-2024 apliqué a otra escuela: **Palm Beach Maritime Academy (PBMA)**. Mi idea era combinar ambas instituciones para llenar toda la semana. El *General Manager of Human Resources* de PBMA, **Anthony Andrepont**, amigo de Julio César Jr., le preguntó si él había aplicado. Julio le respondió que no, que era su papá, y Anthony le contestó: *"Como tú eres un gran muchacho y una gran persona, tu papá debe ser aún mejor. Dile que venga, que tiene trabajo."*

Me entrevisté con él, hice todo el proceso requerido — igual que en Oxbridge — y entendí que mi puesto era *full time*. Yo lo interpreté como permanente y con todos los beneficios, pero después descubrí que no era exactamente así. Aun así, hice excelente química con el estudiantado.

El detalle vino cuando faltó un profesor de Matemáticas de 7° y 8° grado. Los directores del *Middle School* y *Upper School* me pidieron cubrir esa clase. Pregunté si mi salario se ajustaría al de maestro formal, pero me dijeron que no sabían. Confiando en que lo arreglarían, acepté. Pasó mes y medio sin cambios en el pago.

Opté entonces por organizar todas mis citas médicas y notifiqué a PBMA que estaría ausente por una semana y media. Programé las citas por las tardes para poder seguir cubriendo en Oxbridge, y también tomé unos días adicionales cuando Patricia se enfermó.

En PBMA continué sustituyendo: primero al maestro de Historia Universal durante un mes, luego a la maestra de Ciencias de 6° grado por tres semanas. Me di cuenta de que no podía seguir en esa dinámica; debía decidir entre una escuela u otra. Fue muy difícil porque en ambas recibí cariño y respeto: en una, un colegio de élite; en la otra, una escuela pública. Pero el sentimiento hacia mí era el mismo.

El día que tomé la decisión intenté comunicarme con Anthony, pero no logré hablar con él. Le dejé el mensaje a la encargada y nunca supe si se lo transmitió, porque ya no regresé a PBMA. Lo curioso es que, después, me encontré muchas veces con Anthony en la Iglesia **St. Thomas More**, y nunca hablamos del asunto.

Finalmente, seguí en Oxbridge hasta octubre del 2024, cuando concluí mi ciclo allí.

A partir de junio de 2024 descubrí una nueva pasión: **fabricar cerveza casera artesanal (craft beer)**. La aceptación fue muy buena. Elaborar este tipo de cerveza es fascinante; cualquiera puede hacerlo siempre que tenga extremo cuidado con la asepsia y evite cualquier tipo de contaminación. Hay abundante literatura sobre el proceso, y cada lote es un mundo nuevo lleno de aprendizajes.

Capítulo 17:
Mi Rodilla Izquierda

En mis tiempos de jugador de fútbol soccer, durante un entrenamiento con el equipo juvenil donde yo jugaba y los jugadores del **Deportivo Chávez** —de Primera División en Nicaragua—, dos de ellos estaban bromeando, lanzándose una piedra grande de un lado a otro. Justo en ese instante yo pasaba sin saber nada de la "broma" y la piedra me golpeó directamente en la rodilla izquierda. El impacto fue durísimo; la rodilla se me inflamó como un globo.

Ellos, preocupados, corrieron a socorrerme, pero el daño ya estaba hecho. No le conté nada a mi madre, pues sospechaba que me prohibiría seguir jugando al fútbol. Todas las noches me sobaba con un linimento para golpes y, poco a poco, logré aliviar la inflamación y el dolor. Sin embargo, con los años, aquello me pasaría factura.

Durante mi juventud nunca volví a sentir molestias, pero trabajando en **Okeelanta** sufrí varias caídas, incluyendo una muy fuerte cuando bajaba las escaleras del segundo piso de mi casa en Pahokee. Me sacaron radiografías y el resultado fue desalentador: mi rodilla ya no tenía meniscos ni cartílagos; la rótula rozaba hueso con hueso. Los médicos concluyeron que la única solución era una cirugía de reemplazo total con prótesis metálica.

Era el año 2016. Busqué una segunda opinión y el diagnóstico fue el mismo. Me dio miedo y decidí seguir adelante con mi vida, porque, en aquel momento, la rodilla no limitaba mis movimientos. Sin embargo, cuando Bryan comenzó a jugar soccer y yo me ponía a jugar con él, empezaron los dolores y las caídas. Por las noches, al acostarme, sentía molestias y pequeños dolores que poco a poco se hicieron constantes.

Desde 2016 hasta el 2024 aguanté, pero en octubre de ese año, tras dejar mi trabajo en **Oxbridge**, tomé la decisión: había llegado el momento de operarme. Pasé dos meses pensándolo, me hice los exámenes correspondientes y una entrevista en el hospital para prepararme.

La cirugía se llevó a cabo el **8 de enero del 2025**, a cargo del **Dr. Harvey Montijo**. La operación duró aproximadamente dos horas. No sentí absolutamente nada gracias a la anestesia total. Cuando desperté ya estaba en la sala de recuperación del Hospital de **Palm Beach Garden**, con el pie izquierdo inmovilizado, bien vendado y con un accesorio de prótesis.

Me dieron tantas pastillas que la enfermera me comentó que le llamaban *"el cóctel de pastillas"*. Todo el personal fue muy amable conmigo. Al segundo día llegó el terapeuta de confianza del Dr. Montijo: me levantó de la cama, me hizo caminar con un andador y me enseñó cómo sentarme dentro del carro. Esa misma tarde recibí el alta y regresé a mi casa.

Al día siguiente tuve cita con el Dr. Montijo. Me retiró el accesorio, dejando solo la venda. Me preguntó si prefería las primeras dos semanas de terapia en casa o directamente en la clínica. Le respondí que prefería empezar en casa para aclimatarme. Así inicié mi recuperación con **tres sesiones semanales**, bajo la guía de la terapista **Abby Sargent**, una profesional muy dedicada. Los ejercicios no eran desconocidos para mí: eran los mismos que en un calentamiento de soccer, aunque ahora con la diferencia de que tenía una prótesis en lugar de rodilla natural.

Al concluir esa etapa, pasé a la clínica de **PT Bone & Joint Surgery**, donde me atendieron con gran profesionalismo **Ana Pedridin, Lance**

Morris, Sebastián y Frances. Mi última terapia allí fue el 12 de junio del 2025. Ese día, Ana me explicó que, según protocolo, mi recuperación estaba en un **85-90 %** de movilidad.

El 17 de junio tuve cita con el Dr. Montijo. Me mostró las radiografías de ambas rodillas y me confirmó que todo estaba muy bien, considerando que apenas llevaba cinco meses de operado. Decidió extender la terapia seis semanas más, con dos sesiones por semana.

Hoy, con siete meses de operado, me siento muy bien. Todavía tengo un poco de dolor y ligera inflamación, pero el doctor me asegura que es normal en esta etapa. Y lo mejor: ¡ya puedo bailar salsa, cumbia y merengue!

Reflexión espiritual

En todo este proceso confirmé, una vez más, que **Dios nunca abandona a quienes confían en Él**. Desde aquel golpe en mi juventud, hasta la cirugía y la recuperación, siempre me ha acompañado con su mano poderosa. Hoy puedo decir que la prótesis en mi rodilla es también un recordatorio de que el Señor nos renueva, nos sostiene y nos da nuevas oportunidades para seguir caminando en su camino. ¡Gloria a Dios, que me permitió levantarme, recuperarme y seguir disfrutando de la vida, de mi familia y de la alegría de bailar!

PARTE III
LO FEO

(Aquello que no es chicha y ni es limonada)

Capítulo 1
Botas Blancas

Desde muy niño fui "fachento", un *catrincito*. En una Navidad me puse mi ropa nueva, bien elegante, y encendí una candela romana —esas varillas de metal enrolladas con pólvora que se usan como fuegos artificiales—. Con la candela encendida, bajé mi mano derecha sosteniéndola a la altura de mi rodilla... y, ¿qué creen? ¡Quemé mi pantalón nuevo! Quedó con un agujero que terminé cortando para transformarlo en pantalón corto. ¡Me quedó horrible!

En quinto grado, mi compañero de clase **Rigoberto Cabezas Boza** —quien después se convirtió en gran amigo y con quien me bachilleré años más tarde— se burlaba de mí porque usaba unas **botas blancas de tacón pequeño.**

La historia de esas botas merece contarse: mi abuela María, al regresar de un viaje de vacaciones a los Estados Unidos, como siempre se hospedó en nuestra casa. Ella traía varios regalos y entre ellos venían esas botas, que me encantaron desde el primer momento. Se las pedí, pero mi abuela me dijo que eran de mujer. Yo, maravillado por la suavidad del cuero y cómo me calzaban perfectamente, le respondí que no importaba, que también podían ser para hombres, que eran *"unisex"*.

¡Para qué lo dije! Desde entonces Rigo no dejaba de molestarme con eso. Al final, tuve que dejar de usarlas porque hasta llegaba a esconder los pies para que las muchachas no las vieran. ¡Qué feo recuerdo, pero qué risa me da hoy!

Hoy pienso que muchos me recordaran con esas botas blancas, que más allá de las burlas, fueron mi primer atrevimiento a marcar mi estilo propio.

Capítulo 2
Encuentro con Dina

Mi hermano Javier, después de graduarse de odontólogo en México, se fue a los Estados Unidos, donde vivía mi *mamatía*, para seguir estudiando y ejercer su profesión. Allí conoció a Dolores, quien más tarde se convirtió en su esposa.

Tiempo después, Javier regresó a Nicaragua para pasar vacaciones y visitar a la familia. Una tarde estábamos reunidos en casa de mi hermano Miguel —también odontólogo graduado en México—. Como era costumbre en nuestro país, nos sentamos en la acera y parte de la calle, para conversar, ver pasar a la gente y saludar a los conocidos.

De pronto, la señora **Dina Bermúdez** pasó en su carro por la calle (ella vivía cerca de la casa de Miguel). Al reconocer a Javier, detuvo el vehículo y lo saludó efusivamente. Luego saludó a todos y se puso a conversar con él… ¡en inglés! Charlaron un buen rato, hasta que finalmente se despidió y se marchó.

¿Y saben qué? **Ni siquiera me miró.** Fue como si yo no existiera. Claro, cómo iba a mirarme si era la misma maestra de inglés a la que yo, años atrás, le había lanzado un borrador en clase… ¡Nunca lo olvidó!

Qué encuentro más incómodo y feo.

Desde entonces confirmé lo que siempre supe: los maestros nunca olvidan… sobre todo a los alumnos más insoportables.

Capítulo 3
La Casa de mi Abuelo

Entre los años 1993 y 1998, cuando me dedicaba a comercializar aguardiente, le pedí a mi papá que me transfiriera la casa que había quedado de mi abuelo Deogracias. Así lo hizo.

Con esa propiedad a mi nombre, decidí instalar allí mi negocio en Masaya y, para financiarlo, solicité un préstamo bancario poniendo la casa como garantía. Sin embargo, a finales de julio de 1999 surgió mi viaje inesperado a los Estados Unidos. Ante esa situación, negocié con el banco y con el doctor **Carlos Cárdenas (QEPD)** para que él pagara la deuda y, al cancelarla, quedara como nuevo propietario de la casa.

También vendí mi vehículo, una Chevrolet Astro Van, que había comprado en Estados Unidos durante uno de mis viajes de vacaciones en 1992.

Veinticinco años después, en uno de mis tres viajes a Nicaragua, llevé a Bryan David con gran nostalgia a conocer mis casas: la primera, donde nací, que se conserva igual a como la dejé; y la segunda, la de mis abuelos paternos, donde también viví. Allí ya habían construido una casa nueva.

En la parte de la propiedad que mi abuelo había vendido a Violeta —prima de mi papá—, actualmente vive Brenda, la única hija que se quedó en Nicaragua, pues Violeta emigró a Estados Unidos con todos sus hijos desde hace muchos años.

Al mostrarle esas casas a Bryan, entendí que más que paredes y techos, lo que uno hereda son recuerdos y raíces que nunca se borran.

Capítulo 4
ATCHEMCO

La **Compañía Química de la Costa Atlántica (ATCHEMCO)** fue una empresa nicaragüense administrada por ingenieros estadounidenses y cubanos cercanos al gobierno de Anastasio Somoza Debayle. Nació como parte de un ambicioso plan de **Integración Económica Centroamericana**, impulsado por el **INFONAC (Industria y Fomento Nacional)**, entidad encargada de traer nuevas industrias al país. Entre estas se encontraban ATCHEMCO, ELPESA (Electroquímica Penwalt), Química Borden, HERCASA (Hércules de Centroamérica), entre otras.

ATCHEMCO se instaló en la Costa Norte del Atlántico nicaragüense debido a que su principal materia prima eran los árboles de pino, abundantes en esa zona. Por cada árbol talado, la compañía sembraba cinco nuevos, con el propósito de conservar la flora y fauna local. Su planta se ubicaba en **La Tronquera, Lecus Creek, Zelaya Norte**.

En aquellos años, el acceso por tierra era limitado; la vía más directa de comunicación era aérea, a través de **Puerto Cabezas**. La empresa contaba con su propio avión bimotor de ocho plazas, utilizado para trasladar a sus trabajadores y ejecutivos, así como con un barco de carga —el *Cherylen*— en el puerto de Lamlaya, encargado de transportar los productos terminados al exterior.

Durante mi estancia allí, junto a mi colega **José Luis** y algunos baquianos de la zona, solíamos salir de cacería nocturna en la selva atlántica. Era común escuchar el rugido de leones, tigrillos y panteras. Cazamos venados e iguanas tan grandes que parecían pequeños lagartos. En los ríos pescábamos meros y, a profundidades de hasta dos hombres, encontrábamos ostiones. También llegamos a ver mantarrayas y pequeños tiburones, que se adentraban desde el océano hacia las desembocaduras de los ríos por donde navegábamos en pangas con motor. El más impresionante de todos esos viajes fue por el **Río Coco**, inmenso y majestuoso.

Recuerdo una anécdota particular: en una ocasión, tras haber estado en **Waspam**, regresábamos a La Tronquera. Yo venía conduciendo y me equivoqué en un empalme, lo que nos llevó directo a una zanja profunda a la orilla del camino de balastre (arena gruesa típica de la zona). Cuando logré sacar la Suburban —un vehículo de siete plazas muy bien equipado—, descubrimos que las cuatro llantas habían quedado ponchadas. José Luis, molesto, tomó un AK-47 y descargó todo el cargador disparando al aire. Finalmente, tuvimos que pedir auxilio por radio.

La vida en ATCHEMCO era un contraste extraño: en medio de la jungla, las casas del personal técnico y de los ingenieros eran verdaderas residencias de ensueño, cómodas y modernas. Hoy en día, su valor podría superar fácilmente los **500,000 dólares**. Resultaba curioso ver ese tipo de lujo en un entorno tan aislado, prueba del poder económico y la influencia política que respaldaban a la empresa.

"En aquellos años comprendí que ATCHEMCO era mucho más que una fábrica; era un símbolo del contraste entre progreso y abandono, entre el lujo de unos pocos y la dureza de la selva que lo rodeaba."

Capítulo 5
Alquilando Casas

Durante mi vida profesional he alquilado muchas casas, desde 1982. La primera fue una vivienda muy bonita en los alrededores de **Nindirí**, cerca de Masaya.

Cuando me casé con Patricia, nos fuimos a vivir dos veces a Managua. La primera, en el **Barrio El Carmen**, cerca de donde actualmente reside el presidente Daniel Ortega. De esta casa regresamos a Nandaime debido a los problemas políticos que siguieron al triunfo de doña Violeta de Chamorro en 1990.

La segunda vez vivimos cerca de la rotonda de la **Plaza España**, pero regresamos nuevamente a Nandaime después de que, estando Patricia y las niñas en Estados Unidos y yo en un congreso azucarero en Costa Rica, se metieron a robar en nuestra casa. En total, estos alquileres en Managua sumaron alrededor de tres años. El resto del tiempo convivimos con mis suegros.

Vivimos un año en la finca de mi suegro, en Catarina —hoy usurpada—, y luego alquilamos una casa frente a la vivienda de mi suegra, propiedad de una tía de Patricia. Allí permanecimos otro año, hasta que partimos definitivamente hacia Estados Unidos.

En los **EE. UU.** nuestra primera residencia fue en **Pahokee**, donde alquilamos tres casas:

- La primera, en la que vivimos seis años (2000–2006), y donde incluso nos aparecieron culebras.

- La segunda, donde permanecimos menos de dos años.

- La tercera, donde estuvimos diez años, desde 2008 hasta mi retiro en 2018.

En octubre de ese año nos mudamos a **West Palm Beach**, a una casa en la que permanecimos dos años. Sin embargo, descubrimos que tenía muchas deficiencias. Finalmente, en noviembre de 2019, justo antes de la pandemia, nos mudamos a nuestra actual vivienda, ubicada entre **Lake Worth** y **Boynton Beach**, también en West Palm Beach.

En resumen: **cinco casas alquiladas en Nicaragua y cinco en Estados Unidos** a lo largo de 40 años de matrimonio, lo que da un promedio de **cuatro años por casa**.

¿Propiedad en Estados Unidos? Todavía no… ¡pero sigo teniendo esperanza!

"Más allá de los cambios de casa, lo que siempre nos sostuvo fue el hogar que formamos como familia, porque al final, la verdadera propiedad está en el amor y la unión."

Capítulo 6
Comprando Carros

El primer carro que compré fue cuando trabajaba como Asistente en la UCA: un **FIAT-127** de dos puertas, color amarillo. Muy buen carro. Lo compré usado en 1976; mi hermano Miguel me sirvió de fiador por insistencia de mi madre, ya que él tenía su clínica dental instalada gracias a ella.

En 1980 se lo vendí al ingeniero Guido y me compré un **Mazda 323** cero millas. Cometí el error de venderlo en 1983 para comprar una **Cherokee Indian** usada, que luego vendí a unos periodistas internacionales. Con ese dinero adquirí un **AMC Concord** usado.

Claro, desde que entré a trabajar en los ingenios, siempre tuve jeep asignado con chofer.

En 1992, durante un viaje a San Francisco, California, le compré a un tío de Patricia un **Chevrolet Astro Van**, que después negocié con la destilería del Ingenio Montelimar. Más adelante adquirí una **Mitsubishi** de una cabina y, al venderla, compré una **Toyota Hilux** de cuatro puertas semi-nueva. Con esa camioneta tuve un accidente; tras repararla, la vendí y pasé a manejar una **Nissan Patrol** usada, con la que viajé al Ingenio La Grecia en Honduras.

En un regreso a Nicaragua, la vendí y compré un **Jeep Cherokee**. Ya en Honduras, adquirí una **Toyota Station Wagon** con doble transmisión. En 1996 vendí ambos vehículos y me compré dos cero millas: una **Nissan de cuatro puertas** y una **Mitsubishi Montero**.

(Ya ni las cuenten… ¡porque yo mismo perdí la cuenta! Y aún faltan los comprados en Estados Unidos).

En EE. UU. el primero fue un **Audi**, pero tenía la transmisión defectuosa, así que me deshice de él y compré una **Dodge Van** por 300 dólares. La regalé a una familia necesitada y obtuve otra Dodge Van. Después vinieron una **Ford Winstar** (que terminó en un *junk car*), un **Chevrolet Tahoe 2001** y cuatro carros para mis hijos: un **Nissan Sentra**, un **Toyota Corolla**, un **Ford Focus** de transmisión manual y un **Toyota Tercel**.

Más adelante adquirimos una **Ford F-350 diésel**, una **Infiniti QX-50** y tres **Mitsubishi**, de las cuales aún poseo dos.

¡Qué barbaridad! ¡Qué feo!

EPÍLOGO

Si en mi relato-novela-autobiografía —que no creo que lo sea del todo— encuentran alguna coincidencia o similitud con su propia vida, no es casualidad. Siempre hay algo en común, porque existe un **Plan de Dios** para cada uno de nosotros. Eso está escrito desde los tiempos antiguos.

Hasta aquí, creo haber plasmado algunas anécdotas interesantes de mi trayectoria. Ojalá sonrían con mis locuras escritas y disfruten de la lectura de este aprendiz de escritor. Sí, aprendiz... ¡a mi edad! Jejeje.

Espero que este relato sirva de impulso para alguien que desee escribir un libro o emprender cualquier otro proyecto, porque al contar la vida también inspiramos a otros a realizar sus sueños.

Y lo más importante: **gracias a Dios todavía estoy vivo**. Hoy mi vida transcurre como la de todo hombre mayor casado: aceptando todo lo que dice mi esposa. Porque después de 40 años de matrimonio ya no es "mi mujer", sino simplemente "mi esposa". Y cada vez que le contesto a esa *Linda Muchacha*: *"Señor, sí Señor"*, me recuerda cómo debía responderle al combatiente en la cárcel.

Ah, y para colmo, ahora esa Linda Muchacha vuelve a decir que le caigo mal... ¡a esta edad!

Espero que no salga con seis más...

Cada carro que tuve no fue solo un medio de transporte, sino un compañero de camino en distintas etapas de mi vida: unos me llevaron a mis primeros triunfos profesionales, otros fueron testigos de errores y aprendizajes, algunos cargaron sueños y otros sostuvieron a mi familia en momentos de prueba. Así como cambié de vehículos, también fui cambiando yo, avanzando por carreteras rectas y otras llenas de baches, pero siempre con la certeza de que, al final del recorrido, **Dios ha sido mi mejor copiloto.**

www.ingramcontent.com/pod-product-compliance
Lightning Source LLC
Chambersburg PA
CBHW060516090426
42735CB00011B/2256